AF752005

औरत... औरत का फ़र्क़

notionpress
.com

औरत... औरत का फ़र्क़

सुनीतायोगेश अग्रवाल

Supported by

FESWA
COMMUNICATION PVT. LTD.

notionpress
.com

Notion Press

Old No. 38, New No. 6
McNichols Road, Chetpet
Chennai - 600 031

First Published by Notion Press 2017
Copyright © Sunitayogesh Aggarwal 2017
All Rights Reserved.

ISBN

Paperback 978-1-94814-626-5

Hardcase 979-8-89519-248-1

This book has been published with all reasonable efforts taken to make the material error-free after the consent of the author. No part of this book shall be used, reproduced in any manner whatsoever without written permission from the author, except in the case of brief quotations embodied in critical articles and reviews.

The Author of this book is solely responsible and liable for its content including but not limited to the views, representations, descriptions, statements, information, opinions and references ["Content"]. The Content of this book shall not constitute or be construed or deemed to reflect the opinion or expression of the Publisher or Editor. Neither the Publisher nor Editor endorse or approve the Content of this book or guarantee the reliability, accuracy or completeness of the Content published herein and do not make any representations or warranties of any kind, express or implied, including but not limited to the implied warranties of merchantability, fitness for a particular purpose. The Publisher and Editor shall not be liable whatsoever for any errors, omissions, whether such errors or omissions result from negligence, accident, or any other cause or claims for loss or damages of any kind, including without limitation, indirect or consequential loss or damage arising out of use, inability to use, or about the reliability, accuracy or sufficiency of the information contained in this book.

समर्पण

ये किताब हर उस औरत को समर्पित है जिसने एक भी क़दम हिम्मत की ओर बढ़ाया हो।

Gratitude – Sensei

कृतज्ञता

मेरी हर कहानी, जो मैंने गुनी-बुनी वो सुमन और योगेश ने सुनी। इनके बिना ये किताब आपके हाथों तक नहीं पहुंच पाती। दिल से दुआएं।

अनुक्रम

कृति के बारे में *xi*

किताब के बारे में *xiii*

1. औरत...औरत का फ़र्क़ 1
2. एक बार कहा तो होता 27
3. साबित 45
4. भेड़िया आया 81
5. चौकीदार 91
6. साड़ी सलमा सितारों वाली 101
7. टांग फटे में क्यों अड़ाई 111
8. चन्द्रा 129
9. चाहत थी वो मेरी... 137

कृति के बारे में

कृति खुराना मात्र 20 वर्ष की हैं। सिर्फ इनके नाम में ही नहीं उनके जीवन में भी कृति यानी क्रिएटिविटी है। कृति दिल्ली विश्वविद्‌यालय से अंग्रेजी ऑनर्स करने के साथ-साथ जर्मन भाषा भी सीख रहीं हैं। चित्रकृति कृति का शौक है। जबकि उन्होंने इसके लिए कोई कोर्स नहीं किया है। उनके स्कूल, कॉलेज में उनकी इस कला को हमेशा सराहा गया। कृति हर क्रिएटिव काम में सबसे आगे दिखाई देती हैं। चाहे वो गीत हो या नृत्य, चित्र हों या ड्रामा।

किताब के बारे में

मैं जानती हूं जब ये पुस्तक आप लोगों के हाथों में होगी तो मेरी कुछ सखी-सहेलियाँ दोस्त मुस्कुरा के मुझे एक गाली देते हुए कहेगें कि "अच्छा...तो नाम बदल दिए और हमारी ज़िंदगी को क़िताब बनाकर हमारे ही हाथों में सौंप दिया।" इन नौ कहानियों में सभी जगह आप हैं या कोई आपका अपना जानने वाला या जानने वाली। किसी में वो थोड़ा सा दिखेगें तो किसी कहानी में वही...और वही दिखेंगें। बेफ़िक्र रहें कहीं-कहीं मैं भी हूं। मैं आपको मिलूंगीं तो जरुर, पर दिखूंगी नहीं। ये कहानियां मेरी-आपकी इसकी-उसकी बातें हीं हैं। मैं जितनी भी महिलाओं को जानती हूं, मैंने महसूस किया कि चाहे वो हमारे घर की काम वाली हो या कोई हाई प्रोफाईल सोशलाईट। सभी सहतीं हैं, छटपटाती हैं। सब खुली हवा में सांस लेने के लिए संघर्ष करतीं हैं। इसीलिए मेरा मानना है कि औरत-औरत में कहीं भी फ़र्क़ नहीं होता। बस **औरत...औरत का फ़र्क़** होता है तो सिर्फ़ हिम्मत का। जो हिम्मत करुणा ना दिखा सकी वो सरला ने दिखाई। **साबित** कहानी में सारिका ना दिखा सकी, **एक बार कहा तो होता** में स्निग्धा ने वही हिम्मत दिखाई। **भेड़िया आया** में धनाडे की बेटी ने हिम्मत को छुआ भी नहीं पर लाल परी ने कुछ ना होते हुए भी अपने अधिकार का इस्तेमाल करने की हिम्मत की। **चौकीदार** में 65 साल की शैलजा की हिम्मत ही तो थी जिसने इस उम्र में भी अपने बड़े से घर की चौकीदारी करने से मना कर दिया। **साड़ी सलमा सितारों वाली** की मुन्नी के आगे पूरे मोहल्ले ने सिर पीट लिया पर उसने अपनी माँ की भावनाओं के आगे किसी की भी नहीं सुनी। अब जतिन ने टांग अड़ा ही दी तो

उसकी पत्नी दीया ने उसे ताना नहीं हिम्मत दी, आगे बढ़ने की। **चंद्रा** की हिम्मत की तो आप भी दाद देंगें। और **चाहत थी वो मेरी** में पति का दूसरी शादी करने का फ़ैसला उसकी पत्नी की हिम्मत को हिला नहीं पाया।

ये कहानियां नहीं आप लोगों की हिम्मत है। माना की कुछ अंत वैसे नहीं हैं जो वास्तविकता में थे क्योंकि अंत सुखद ही अच्छे लगते हैं। तो अंत सुखद ही हैं। ये कहानियां आप ही की हैं, आप ही के लिए हैं। अच्छी लगें तो आप अपनी हिम्मत को दाद दीजिएगा। कहीं कमी लगे तो सुझाव राय मश्विरों का सदैव स्वागत है।

1

औरत...औरत का फ़र्क़

सरला को यूं तैयार होकर जाते देख मोहल्ले वालियों के कलेजे पर सांप लोट गए। पहली ने दूसरी से फुसफुसाया,

"अरी देखियो तो कैसा रंग चढ़ा है। आज तो सूट भी बढ़ा बढ़िया पहना है।"

दूसरी ने तीसरी को फुसफुसाया,

"ऐसी तो तब भी ना लगती थी जब ब्याह के आई थी।"

चौथी ने हाँ में हाँ मिलाते हुए कहा,

"सच्ची कही रही हो जीजी...शादीशुदा तो कभी लगी ही ना... कैसी बावली सी बनी रहती थी।"

"हां जीजी पहले लगती थी बिधवा सी.. अब तो.."

पहली ने इसकी बात काट के चुटकी ली,

"अरी इसे कहते हैं राण्डपना रास आना।"

तभी पहली वाली की सास हाथ में चूल्हे की बुझी लकड़ी लेके चिल्लाती हुई आई..

"अरी हरामजादियों... चूल्हे में गई लकड़ी की आग बुझ गई पर तुम्हारे कलेजों की आग अभी तक ना बुझी...। जाती हो यहां से या सुसरियों के मुंह में जलती हुई लकड़ी घुसेडूं।"

सारी की सारी औरतें मुंह में अपनी साड़ी का पल्लू दबाकर हंसते हुए भागीं। बुढ़िया ने सरला को निहारा। मोहल्ले वाली ग़लत थोड़ी कह रहीं थीं। आज तो सरला सचमुच ऐसी ही लग रही थी कि उसकी नज़र उतारी जाए। और इन औरतों का जलना भी जायज था।

"अम्मा राम-राम।"

सरला की राम-राम ने अम्मा की सोच को रोका।

बुढ़िया ने चहक कर कहा, "अरी मैं तो सोच रही थी कि आज तो सरला इस बुढ़िया का आशीर्वाद लिए बिना ही चली जाएगी।"

"ऐसे कैसे चली जाती अम्मा, और चली भी जाती तो और दिन की तरह तुम मुझे आवाज़ देकर बुला ना लेतीं।" सरला ने बुढ़िया के पैर छूते हुए कहा।

"ना बहू, आज के दिन टोकना ना चाहे थी। आज तेरा पहला दिन है ना, काम पे।"

और बुढ़िया ने आज एक ही आशीर्वाद दिया, खुश रह। अब बुढ़िया यही आशीर्वाद देती थी खुश रह। वरना पहले तो बुढ़िया आशीर्वादों की झड़ी लगा दिया करती थी। तेरा सुहाग बना रहे, सौ पूत हंसे-खेलें तेरे आंगन में, आंगन में तेरे सोना बरसे और पता नहीं क्या-क्या। पर किसी भी आशीर्वाद ने कभी भी सच होकर दिखाया ही नहीं। शायद सरला भी यही चाहती थी कि इसमें से एक भी आशीर्वाद पूरा ना हो। वो तो बस चाहती थी कि उसको मरने का कोई आशीर्वाद दे दे।

शादी का सपना हर लड़की का होता है। सरला ने भी सपने देखे थे। मन ही मन भगवान से प्रार्थनाएं भी की थीं कि उसका पति कैसा भी हो पर शराबी ना हो। सारे वारों के व्रत भी उसने रखे थे। उसे पूरा विश्वास था कि उसे पति कैसा भी मिलेगा पर शराबी नहीं। सरला को अपने बाबा पर भी यही विश्वास था कि अपनी बेटियों को गरीब के घर में ब्याह देगें पर शराबी के घर में कभी नहीं। पर बिन माँ की बच्चियां बाप की आँखों में खटके या ना खटकें, रिश्तेदारों की आँखों में खटकने लगीं थीं। हर छुट्टी वाले दिन सरला के बाबा के यहां रिश्तेदारों का मजमा लग जाता। सबका यही कहना था "अरे तीन-तीन लड़कियां हैं। ऊपर से माँ नहीं। वक़्त बहुत खराब है जो भी पहला रिश्ता आए वहीं शादी कर कर दो। किसी एक को तो निबटाओ।" पर्दों के पीछे से आते ये शब्द तीनों लड़कियों को चुभते होगें। पर सबसे ज्यादा चुभते थे सरला

को क्योंकि वो तीनों बहनों में बड़ी जो थी। वैसे तीनों में ज़्यादा फर्क नहीं था दो-दो साल का ही था। बाकी दोनों सरला की तरफ देखतीं कि ये मुके तो उनका नंबर भी लगे। ये तय सा लगता था कि निबटाना तो सरला को था। सरला ने एक दिन अपने बाबा से हिचकते हुए कह भी दिया कि "बाबा लड़का कैसा भी हो मैं एडजस्ट कर लूंगी बस शराबी ना हो।" सरला को अपने भगवान और अपने बाबा पर बराबर का विश्वास था। बाबा ने ही तो उसे सारे रिश्तेदारों के मना करने के बावजूद भी बारहवीं तक पढ़ने दिया था। तो वो उसकी शादी निबटाएगें थोड़ी कि जो भी पहला रिश्ता आए शादी कर दो। पर बाकी दो बहनें तो यही चाहती थीं कि सरला निबटे।

और कुछ दिन में सरला का रिश्ता पक्का हो गया। सरला के बाबा ने अपनी बच्ची की किस्मत को सराहते हुए कहा "भागोवाली है मेरी सरला। लड़के की सरकारी नौकरी है। अपना घर भी है जेजे कालोनी में। और ना माँ ना बाप ना बहन ना भाई। एकदम मैदान सफा। सरला और सरजू क्या जोड़ीदार नाम है..." सरला के बाबा ने एक बार फिर दोहराया सरला और सरजू, देखने में ही कितना सुंदर लगेगा। बाबा को कल्पना करता देख सरला भी शरमा गई। दोनों बहनें भी ख़ुश थीं पर सरला के मन में एक ही सवाल था उसने बाबा से पूछ ही लिया.. "बाबा लड़का पीता तो नहीं है ना।"

लड़का शराब पीता है। इस सवाल पर सरला के बाबा इधर-उधर के कामों में उलझ गए। बहनों और सहेलियों ने सरला को छेड़ना शुरु कर दिया। सरला सरजू...। सरला ने अपने नए जीवन के नए-नए सपने देखने शुरु कर दिए। सरला सरजू अच्छा लगता था ये नाम लेना। सहेलियों और बहनों के मुंह से ये नाम सुनना भी....सरला सरजू। उसने मन ही मन अपनी प्यारी सी गृहस्थी सजा ली थी और एक काल्पनिक चेहरे के साथ उसने जीवन के हसीन सपने भी देखने शुरु कर दिए थे। लड़के ने मना कर दिया था मुझे लड़की नहीं देखनी। तो सरला के लड़का देखने का सवाल ही खत्म हो गया था।

वो दिन आ गया जिसका सभी को इंतजार था। जयमाला के लिए भी लड़के ने मना कर दिया था कि ये क्या चोचला है जयमाला का। शादी तो फेरों से होती है जयमाला का क्या मतलब बनता है। लड़के के जो भी तेवर हों वो तो अब सहने ही थे। सरला नहीं निबटेगी तो आगे वाली बहनों का क्या होगा। रिश्तेदारों ने भी इस बात को तूल नहीं दिया और हां में हां मिलाई कि भई सही भी है। जयमाला का क्या मतलब बनता है। है तो ये चोचला ही। बिना बात के एक स्टेज बनवाने पर इतने पैसे खर्च कर दो। लड़का गाड़ी से फेरों के वक्त ही निकल कर आया। सभी ने देखा लड़का लड़खड़ाता हुआ आ रहा था। पर सबने आंखे फेर लीं। सरला को निबटाना ही तो था। आँखे ना भी फेरते तो कौनसा जज़्बात जाग जाते कि क्यों हम इस लड़की की ज़िंदगी बर्बाद कर रहे हैं। मण्डप पर सरला को बुलाया गया। जैसे दुल्हन अपने सपनों को लेकर मण्डप तक आती है वैसे ही सरला भी आई। अपने सपनों के साथी को वो पहली बार देखेगी कि कैसा होगा सरजू वैसा ही ना जैसा सपनों में देखा था? वो शरमाती हुई मण्डप पर बैठी पर हिम्मत नहीं हुई कि एक निग़ाह उठा कर देख ले कि सरजू दिखने में कैसा है। फेरे शुरु होने थे सरला के हाथ को सरजू के हाथ में दिया तो सरला का सारा शरीर सिहर गया, शरमा गया... तभी उसके हाथ से सरजू का हाथ फिसल गया। सरजू नशे में इतना धुत्त था कि वो खड़ा ही नहीं हो पाया और लुढ़क गया। दोस्तों ने उसे मुश्किल से खड़ा किया और जैसे-तैसे फेरे कराए। सरला का एक आंसू टपका। सहेलियों और रिश्तेदारों की आवाज़ आने लगी। "अरे देखियो तो लड़की तो फेरों पर ही रोने लगी।" सरला ने अपने आंसू भरे चेहरे से बाबा की तरफ देखा, बाबा ने अपनी आंसुओं से भरी नज़रों को सरला के आगे चोर बना दिया। जब से रिश्ता हुआ था सरला के बाबा की नज़रें चोर हो गईं थीं। वो किसी बात पर भी सरला से नहीं मिलतीं थीं। हर फेरे में सरला के सपनों की आहूति दी जा रही थी। सरला अपने घर से निबट गई थी। रिश्तेदारों के कंधों से बहुत बड़ा भार उतरा था जैसे। कितनी बड़ी जिम्मेदारी निभाई थी उन्होंने बिन माँ की बच्ची की एक शराबी से शादी करवा कर।

सरजू ने दिन भर अपनी शादी की ख़ुशी में पी और रात को अपनी सुहागरात की ख़ुशी में पीता हुआ अपने घर में घुसा तो सरला वहां थी ही नहीं। सरला ने अपने सपनों की उस पहली रात को सरजू की गंद और बदबू से अटी रसोई में छिपकर गुजारी थी।

शराबी के घर आने वाली औरत की क़िस्मत में रोटी खाने को हो या ना हो पर मार खाने को जरुर होती है। सरला रोज रात को मार खाती और सुबह सारे मोहल्ले की निग़ाहों को सहती। उसके गोरे उजले शरीर पर पड़ती औरतों की निग़ाहों से उसे अपने ज़ख़्मों का पता चलता कि कहां-कहां हैं। मोहल्ले की औरतों को सरला के मुंह पीठ पर पड़े नील देखकर जैसे सुकून मिलता। उनके लिए सरला थी भी तो बहुत घंमडी। ना वो किसी से बात करती थी, ना किसी को भूले-भटके दुआ सलाम करती। ये बात मोहल्ले की औरतों को चुभती भी बहुत थी। बात थी भी तो चुभने वाली। मोहल्ले वालियां आपस में सरला की चुगलियां करके अपने आप को सांत्वना देतीं।

"अरी कौनसी ऐसी हूर की परी है जो हमसे चार कोस दूर बैठती है। हां तो, आदमी उसका भी पीता है हमारा भी। बोटियां उसकी भी मार खा-खा के बराबर हो रखीं हैं। हमारी भी। ना उसमें इतनी हिम्मत है कि अपने पति की मार का जवाब दे सके ना हममें इतनी हिम्मत है। जब औरत...औरत में कोई फ़र्क नहीं है तो इस सरला को घंमड किस बात का है, जो हमसे ना बात करे है ना बात का जवाब देय है।"

सरला मोहल्लेवालियों के लिए एक अच्छा टाईम पास बनी हुई थी। अब इनकी आपस में ख़ूब पटने लगी थी। अब वो एक दूसरे की नहीं सरला की चुगलियां करने का मज़ा लेतीं थीं। ये उन सबका अपने जीवन में सुकून ढूंढने का एक तरीक़ा था। पर इस पूरे मोहल्ले में एक बूढ़ी ही थी जिसे सरला से पता नहीं क्या लगाव था। सरला बात तो उससे भी ज्यादा नहीं करती थी पर उसके हाथ

से रोटी और अपनी चोटों पर मल्हम जरुर लगवा लेती थी। बूढ़ी का भी कोई नहीं था। आदमी मरे भी ज़माना हो गया था। एक बेटा-बहू थे। जो बूढ़े की पेंशन लेने में तो दिलचस्पी दिखाते पर बुढ़िया को रोटी खिलाने में बहू की तबियत ख़राब हो जाती थी। तो बुढ़िया ने एक दिन उन्हें अलग कर अपने कमरे को किराए पर दे दिया। अब बूढ़े की पेंशन और किराए से बुढ़िया के दिन मज़े से कट रहे थे। और अब सरला के आने के बाद से तो बूढ़ी में एक नई चेतना आ गई थी। उसे लगता था जैसे सरला उसी की जिम्मेदारी है। तभी सरजू के ऑफिस जाते ही बूढ़ी सरला को अपने घर ले आती। उसकी मल्हम पट्टी भी करती और उसे खिलाती पिलाती भी। सरला सरजू के लिए सुबह-शाम की रोटी बनाती और खुद उसकी मार खाती। बूढ़ी जब सरला के घावों पर दवाई लगाते-लगाते परेशान हो जाती तो सरजू को जी भर के गाली देते हुए कहती.. “अरी अपने बाप को क्यों नहीं बुला लेती कि तुझे ले जाए वरना एक दिन ये जल्लाद तूझे मार के ही दम लेगा।”

सरला पता नहीं सुनती भी थी या नहीं। वो किसी भी बात का जवाब नहीं देती थी। लगता जैसे वो मार खा-खा कर अपने बाबा से बदला ले रही है कि देख लो मुझ भागों वाली को। बूढ़ी उसे झिड़कती, गालियां देती पर सरला बुत बनी बैठी रहती। एक दिन जब बूढ़ी से सरला की मार सही नहीं गई तो वो बोली कि आज तो मैं तेरे बाप को बुला के ही रहूंगीं। वरना मर जाएगी तू तो यहां पड़ी-पड़ी। उस दिन बूढ़ी के कान में जोर की चीख पड़ी “अम्मा देख लियो तूने कभी भी मेरे बाबा को ख़बर की, तो मेरा मरा मुंह देखेगी”।

ये सुनकर तो बुढ़िया सन्नाटे में आ गई और गाली देके बोली,

“अरी हरामखोर मैं तो सोचती थी कि तेरे मुंह में ज़बान ना है। पर तेरे मुंह में तो गज भर की ज़बान है। अरी मार खा-खा के मर गई तो क्या जवाब दूंगी तेरे बाप को..?”

सरला ने बुढ़िया की कोठरी से निकलते हुए कहा, "मर गई तो मर गई... मेरी लाश अस्पताल में दे देना। पर मेरे बाबा को नहीं।"

बुढ़िया ने सरला को डांटा,

"हां अस्पताल वाले तेरा आचार डालेगें। मैं तो तेरे बाप को ही दूंगी समझी।"

सरला बूढ़ी के पेट को गुदगुदाते हुए बोली "देख लियो अम्मा ऐसा किया ना तो भूत बनकर डराऊंगी"...।

बुढ़िया अपने पोपले मुंह से हंसती और सरला हंसने की कोशिश करती। बुढ़ी दलान में झाड़ू लगाती हुई बुडबुड़ाती रहती।

"अरी बहू, माँ-बाप बच्चों का बुरा ना चाहें हैं। बस मजबूर होवें हैं। पर इत्ती जिद्दी लड़की ना देखी है मैंने। ना जाने खुद से किस बात का बदला ले रही है"।

सरला रोज सरजू से पिटती और बुढ़िया से शरीर और मन पर मल्हम लगवाती। ऐसे ही सरला की जिंदगी के 15 साल सरजू के घर बीत गए। सरजू उसका पति है और कहीं सरकारी नौकरी करता है इसके अलावा सरला उसके बारे में कुछ नहीं जानती थी। और ना ही उसने जानने की कभी कोशिश ही की थी। ये नहीं था कि सरजू रोज ही पी के आता था पर जब दरवाजे के बाहर बैठी सरला को खींचकर वो बिस्तर पर ले जाने की कोशिश करता तो सरला अकड़ जाती। सरजू की सारी कोशिशों के बावजूद जब उसे अपनी जगह से नहीं हिला पाता तो उस दिन तो खूब पीता और उसे खूब मारता। ऐसा लगता जैसे अपनी लटकती हुई मर्दानगी की भड़ास शांत करने की कोशिश कर रहा हो। सरला भी ढीठ सी बनी मार खाती रहती पर ना चूं करती, ना चिल्लाती, ना रोती और ना ही उसे रोकती....। सुबह सारी औरतें अपना फ़र्ज़ और दर्द समझ कर उसे समझाने आ जातीं। इतनी हिम्मत तभी होती जब बूढ़ी आसपास नहीं होती थी।

"अरी ऐसी भी क्या ढिढाई...जाती क्यों ना है अपने मरद के पास..?"

दूसरी अपने को पहली से ज़्यादा समझदार जताने की कोशिश करती,

"हय तोए शरम ना आए है... सारा मोहल्ला तमासा देखे है। अच्छा लगे है का...तेरे चक्कर में हमारे मरद भी हमें छोड़कर तेरा तमासा देखने आ जावें हैं।"

"हां री... मेरे मरद ने तो मोसे कह भी दी कि ये मेरी लुगाई होती ना तो मैं बताता कि असली मरद होता क्या है? सरजू तो बेचारा शरीफ है।"

सरला ने इस बात पर उसकी तरफ तीखी नज़र से देखा... तीसरी थोड़ी सकपका गई। तो चौथी ने थोड़ा समझाते हुए कहा...

"बहन समझती क्यों ना है आदमी का दरद। हमारे भी तो पीते हैं।"

"बात समझा कर सरला, बच्चे हो जाते हैं तो आदमी खुद ब खुद अपनी जिम्मेदारी समझने लगता है।"

इसने उसकी चुटकी ली,

"रहने दे... तूने तो चार-चार कर लिए तेरा खसम तो ना समझा...।"

ये वाली चुप कैसे रहती। सफाई देते हुए बोली,

"अरी ना अब तो पीना बहुत कम कर दियो है। पहले तो पूरी दो बोतल चढ़ा जाए था एक साँस में। अब एक, हद से हद हो गई तो डेढ.. अब झिलती भी ना है।"

"यही तो मैं कह रई थी कि पीना ना भी छोड़ा तो कम तो कर ही देगा"।

मूठ सी बनी सरला इंसान कम दीवार ज्यादा लगती और ये महिलाएं उसे छोड़कर आपस में बातें करने लगतीं।

"पता नहीं किस मिट्टी की बनी हुई है। अरे मरद को जो चाहिए वो ना मिले.... तो होगा ही हिंसक।"

दूसरी अफसोस से सिर पकड़ लेती, "अभी अकड़ी हुई है ना.. देखना जब किसी दूसरी के पास चला गया ना... तो सारी अकड़ वहीं के वहीं निकल जाएगी। सिर पकड़ के रोएगी....सिर पकड़कर।"

तीसरी भी आह भरकर कहती, "बाबली है समझती ना है कि औलाद होने के बाद ही मरद को घर, घर लगता है। फिर पीने का क्या है। मरद है तो पिएगा ही"।

चौथी हां में हां मिलाती, "और क्या, पीने के बाद...दो चार मार भी दिए तो क्या हुआ। है तो अपना खसम ही ना।"

पर सरला औरतों की भीड़ में चुपचाप बैठी सोचती कि बाबा ने भी तो यही कहा था।

"अरे पीता है तो क्या हुआ। सिर पर जिम्मेदारी पड़ेगीं तो अपने आप ही पीना छूट जाएगा।"

तो छोटी बहनें बाबा की बात पे हां में हां मिला कर कहतीं,

"और क्या....जीजी बापू सही कह रहें और आप जीजू के इतने पैसे खर्च करवाना-इतने पैसे खर्च करवाना कि उनके पास शराब पीने के लिए पैसे ही ना बचें।"

सरला को इन सीरियलों की देखा देखी जो ये जीजू कहने का चलन चल गया था उससे बहुत ही चिढ़ थी। सोचती थी की क्या होती हैं ना औरतें इनके लिए सारे आदमी बेचारे होते हैं।

सरला को समझ आ गया था कि उसका कुछ नहीं होना। उसने अपनी ख़ामोशी को ओढ़ कर अपनी आवाज़, जज़्बात, और भावनाओं पर चुप्पी का बहुत बड़ा ताला लगा दिया। इसी तरह 15 साल सरजू

के साथ बीत गए। ना सरला अपने मायके गई और ना ही किसी को अपने मायके से आने दिया। एक दिन ख़बर आई कि ऑफिस से आते हुए सरजू का एक्सीडेंट हो गया है। जिसने भी फोन किया था उसने ये जता दिया था कि जल्दी आ जाओ बचना मुश्किल है। पूरा मोहल्ला भागा तो सरला को भी जबरदस्ती साथ ले लिया गया। अस्पताल पहुंचते ही डॉक्टर ने ना में हाथ और गर्दन हिलाते हुए कहा,

"बहुत बुरी तरह से मारा था गाड़ी ने। ऑन द स्पाट ही डेथ हो गई थी।"

मोहल्ले की औरतें अपनी छाती पीट-पीट के रोने लगीं। सरला चुप थी। वो तो अपनी विदाई पर भी नहीं रोई थी। बहनों ने अपनी बहन की विदाई पर पछाड़ें खाईं थीं। पर सरला की आँख से एक भी आँसू नहीं निकला था। लोगों ने फुसफुसाना शुरु कर दिया था कि अरे शरम लाज के तईं ही पर रो तो लेती। पर सरला नहीं रोई थी आज भी नहीं रोई।

दुनिया को दिखाने के लिए ही आंसू गिरा देती पर नहीं गिरे तो नहीं गिरे। औरतों ने उसकी आँखों में उंगलियां डाल-डाल के उसके आँसू निकालने की कोशिश की। पर सरला नहीं रोई। सारी औरतें अपने सारे गुबार निकालने के बाद सरला के बारे में आपस में बातें करने लगीं। पर सरला ने तो दुनिया की सुननी कब से बंद कर दी थी। उसका दुस्साहस देखकर औरतें क्या सारे आदमी भी चिढ़ गए। पर तब तो हद ही हो गई जब सरला ने मना कर दिया कि उसके मायके में कोई भी ख़बर नहीं देगा। अब आदमियों के बीच भी ख़ुसुर-फ़ुसुर शुरु हो गई।

"भई बड़ी घंमढन औरत है... इसने सरजू को ना तो जीते जी शांति से रहने दिया और ना मरने के बाद उसकी आत्मा को शांति से रहने देगी।"

सबने हां में गर्दन हिलाई....। मोहल्ले वालों का बस चलता तो सरला को उसके साथ ही सती कर देते। छूटता उस से भी पीछा। अजीब औरत ही थी। कहीं औरतें ऐसी ढीठ होती हैं क्या?

अब सवाल था सरजू के क्रियाक्रम का। सरला के बाबा आ जाते तो लड़की का बाप होने के नाते सारा ख़र्चा वही उठाते। अब जब ख़र्चा उठाते ही तो फिर तो तेरहवीं तक खींच ही जाते सारे ख़र्चे। पर जब सरला ने साफ-साफ मना कर दिया तो कौन हिम्मत करता। बूढ़ी सरजू की मट्टी पलीत नहीं करना चाहती थी। और ये भी जानती थी कि सरला ने सरजू की कमाई का एक भी रुपया नहीं देखा तो उसके पास पैसे कहां से होगें। बुढ़िया ने अपनी अंटी से दो हजार रुपये निकाल के प्रधान के हाथ में रखते हुए कहा,

"सरजू के क्रियाक्रम में कोई कमी नहीं होनी चाहिए। बाकी कम पड़े तो आपस में इंतजाम कर लेना। तुमने भी उसके साथ खूब मुफत की दारु पी है। उसी का करज समझ के उतार देना।"

सरजू का क्रियाक्रम हो गया और सरला को सफ़ेद जोड़ा पहना कर उसे विधवा घोषित कर दिया गया।

सरला अब सरजू की मार और क़ैद से तो आज़ाद थी। पर अब क्या? सरला को समझ नहीं आ रहा था। उसने खुद को घर में बंद कर लिया। बूढ़ी भी चार दिन तक दरवाज़ा पीट-पीट के हार गई पर सरला ने दरवाज़ा नहीं खोला। एक दिन बहुत सारी आवाज़े उसकी कमरे के बाहर से आ रही थीं। सरला कमरे में बैठी सुनती रही पर निकल कर बाहर नहीं आई। पर एक आवाज़ उसके कानों में पड़ी "सरला प्लीज बाहर आओ हम तुमसे मिलने आएं हैं तुम्हारे पति सरजू के ऑफिस से, मैं कावेरी हूं।"

सरला को वो आवाज़ बहुत अच्छी लगी। दरवाजा खोलकर बाहर आई तो वो चेहरा भी सरला को लगा कि वो भी तो ऐसा ही बनना चाहती थी। कावेरी ने सरला को अपने पास ही एक सीमेंट के थड़े पर बिठा दिया। सरला को देखने सारा मोहल्ला खड़ा था। इन चार दिनों में सरला के शरीर की बची-खुची सूखीं हड्डियां भी बाहर निकल आई थीं....। एकदम सूखी मुरझाई सी सरला को जब बूढ़ी ने देखा तो अपनी गीली हुई आँखे पोंछतें हुए अपनी बहू को आवाज़ दी...

"जा री मेरी कोठरी से रोटी सब्जी का कटोरदान ले आ भाग के।"

बहू ने आना-कानी करने की कोशिश की तो बुढ़िया फूट पड़ी....,

"अरी छिनाल तेरे कलेजे पर क्यों सांप लोट रहें हैं। तेरे खसम की कमाई की रोटी सब्ज़ी ना है मेरा ख़सम इतना छोड़ गया है कि आराम से बैठके खा सकूं।"

बुढ़िया की बहू पैर पटकते हुए उसकी कोठरी से रोटी की टोकरी और सब्जी ले आई।

बुढ़ी ने सब को किनारे कर सरला के मुंह में रोटी के दो कौर डाले। सरला ने बिना झंझट किए चुपचाप गटक लिए। कावेरी ने सरला का हाथ अपने हाथ में लेकर कहा,

"सरला हम तुम्हारे दुख में शामिल हैं। पर जिंदा हैं तो जिंदगी तो चलानी ही पड़ेगी ना...।"

और ये कहकर उसने दो चैक के लिफाफे सरला के हाथ में रख दिए। और जब कावेरी ने कहा कि सरजू की जगह तुम्हें नौकरी मिल जाएगी। जिससे तुम्हारा आसानी से जीवन निर्वाह हो सके। तो मोहल्ले वालों की आँखे फैल गईं। के ये लो सरला तो बैठे-बैठाए लखपति बन गई। उस समय सारी औरतों ने अपने शराबी पतियों को टेढ़ी निग़ाहों से देखकर सरजू की जगह रख दिया। और कुछ एक ने तो अपने को सरला की जगह भी रख के देख लिया। फिर थू-थू करके अपने को कोसा भी.. कि भगवान ना करे सरला जैसी किस्मत किसी की भी हो। पर मन से रिसती हुई जलन उनके चेहरों पर भाप बनकर छाने लगी थी।

कावेरी ने काग़जों पर कुछ औपचारिकताएँ पूरी की और सरला के हाथों में पेपर देकर साईन करने को कहा। सरला ने पैन लेकर अंग्रेजी में साइन किए तो सबने एक दूसरे की तरफ देखा। कुछ ने

हैरानी से तो कुछ ने जलन से। तो कुछ ने मुस्कुरा के। पर ये बात बुढ़िया के दिल पर बहुत लगी कि वो तो सरला को बहुत क़रीब से जानती थी पर फिर भी वो ये नहीं जानती थी कि सरला पढ़ी-लिखी है और अंग्रेजी में साईन करना जानती है। कावेरी ने पूछा।

"कितना पढ़ी हो सरला ?"

"बारहवीं...82 प्रतिशत नंबर से पास हुई थी।"

कावेरी खुश होते हुए बोलीं,

"अरे वाह, अब ये पढ़ाई देखना तुम्हारे कितने काम आएगी। हो सके तो आगे भी पढ़ना। हम चलते हैं। एक सप्ताह बाद सारी कार्यवाही पूरी होते ही तुम्हारा ज्वाईनिंग लैटर तुम्हारे पास आ जाएगा। बस उसके बाद जब तुम चाहो... ऑफिस ज्वाइन कर लेना।"

सरला को कावेरी के बात करने का तरीक़ा बहुत भा रहा था। चलते-चलते कावेरी ने कहा,

"देखो सरला कल अपना एकांउट जरुर खुलवा लेना और ये दोनों चैक भी जरुर जमा कर देना। और हां सरजू की पैंशन के लिए अपना एकांउट नंबर इस फार्म में लिख देना जिससे उसकी पैंशन तुम्हारे एकांउट में आनी शुरु हो जाए।"

आज सरला अच्छे से तैयार होकर पहली बार ऑफिस जा रही थी और उसे जाता देख सारी मोहल्ले वालियों के कलेजे पर साँप लोटने लाज़मी थे।

सरला का पहला दिन था ऑफिस में। उसके पांव ज़मीन पर नहीं पड़ रहे थे। उसे लग रहा था जैसे वो इसी जगह के लिए ही बनी थी। आज उसे सरजू की थोड़ी सी याद आई कि शायद यही दिन दिखाने के लिए वो उसका पति बनकर आया था। ऑफिस में बैठी सारी महिलाओं को देखकर सरला सोच रही थी कि अपने पैरों

पर खड़े होने का मतलब कितनी बड़ी बात होती है ना। फिर किसी आदमी के ज़ुल्म सहने की क्या जरुरत है। सरला ने वहां काम कर रहीं सारी औरतों को मन ही मन सलाम किया। और अपने जीवन के नए अध्याय को लिखने के लिए वो तैयार हो गई। सरला ने बुढ़ी को घर जाकर सबसे पहले यही बात बताई "अम्मा औरत का पढ़ना और अपने पैरों पर खड़ा होना ही उसे आज़ादी दिला सकता है। इसलिए जरुरी है कि हम अपनी बेटियों को पढ़ाएं। अच्छा खासा पढाएं। बाबा ने मुझे बारहवीं करा दी अगर इतना भी ना पढ़ी होती तो ना जाने मेरा क्या होता।"

सरला के मुंह से बाबा का नाम सुनते ही बुढी के चेहेरे पर मुस्कान आ गई। चल इतने दिनों बाद तूने अपने बाबा का नाम तो लिया। मानती है ना उसने ये तो अच्छा ही किया तेरे साथ कि तुझे पढ़ाया। सरला ने ये सुनकर अपनी आँखें बंद की, लगा जैसे उसने अपने बाबा को धन्यवाद दिया हो।

सरला अपने ऑफिस के काम में बहुत मेहनत कर रही थी। हर दिन कुछ ना कुछ नया सीखती। कावेरी ने उसे बार-बार कहा सरला तुम आगे पढ़ो जिससे क्लर्क ग्रेड का पेपर दे सको। सरला ने भी तैयारी कर ली थी की वो भी अब पढ़ेगी और बढ़ेगी। वो ऑफिस की इन कामकाजी महिलाओं की तरह स्वतंत्र बनेगी। नहीं है जरुरत आदमी पर निर्भर रहने की। उसे इन्हीं की तरह बनना है पढ़ा-लिखा स्वतंत्र इंसान। पर जैसे-जैसे समय बीतता जा रहा था उसे अपने ऑफिस में दिखाई देतीं औरतें किसी ना किसी आदमी पर ही निर्भर सी दिखतीं थीं। रिन्नी मेडम जो इस ऑफिस की डायरेक्टर थीं वो उमेश पर निर्भर रहतीं थीं। जबकि उमेश की नौकरी पक्की भी नहीं थी कांट्रेक्ट पर था। वो भी क्लर्क। पर वो नलिनी मेडम का भी काम संभालता था और कुंद्रा मेडम का भी। वो महिलाएं हर बात उसी से पूछतीं थीं। रिन्नी मेडम के बच्चों के स्कूल का होमवर्क भी वही कराता था। सरला उमेश की इन औरतों

की जिंदगी में इतनी अहमियत देखकर हैरान होती थी। रिन्नी मेडम, कुंद्रा मेडम और नलिनी मेडम की ऑफिस में इतनी नहीं चलती थी जितनी उमेश की ऑफिस में चलती थी। यही कारण था कि उमेश और उसके दोस्त खुले सांड की तरह पूरे ऑफिस में राज़ करते थे। कोई उससे बिगाड़ना नहीं चाहता था। कांट्रेक्ट पर काम करने वाली लड़कियां भी उसकी जायज़-नाजायज़ सारी बातों को मानतीं या सहतीं थीं।

सरला घर आकर अम्मा को सारे दिन की ऑफिस की बातें बताते हुए पूछती, "अम्मा आदमी के पास जितना दिमाग़ होता है उतना औरतों के पास नहीं होता क्या"?

बुढ़ी अपनी अक्ल लगा के कहती,

"ना बहू, अगर औरत के पास दिमाग़ ना होता तो... वो तेरी रिन्नी मेडम, कुंद्रा मेडम और क्या नाम है उनका नलिनी मेडम, इतने बडे ओहदे पर कैसे होतीं? मुझे तो लगता है औरतों ने अपनी आदत बना ली है आदमी के बिना ना जीने की, वरना दिमाग तो बराबर ही होता होगा तभी तो वो इस ओहदे पर हैं।"

सरला को इस ऑफिस में अज़ीब तरह के रिश्ते दिखते थे। आदमी छोटी पोस्ट पर हो या बड़ी। औरत को दबाने की कोशिश पूरी करता था। या पटा के या फ्लर्ट करके। और इसका मजा औरतें भी खूब लेतीं थीं। पर एक एकता मैडम थीं जिनके साथ जो लड़का रहता था वो उनसे आधी उम्र का था और एकता मेडम उस पर पूरा रौब जमाती थीं। वो उनसे बिना पूछे बाथरुम भी नहीं जाता था। शुरु-शुरु में तो सरला को ये माँ-बेटे का प्यार लगा पर धीरे..धीरे सरला को समझ आ गया कि ये कुछ और ही है...। सरला को जब कभी भी इन औरतों की बातों से घुटन होती तो वो कावेरी के रुम में जाकर चुपचाप बैठ जाती। कावेरी भी थोड़ा बहुत हालचाल पूछ अपने काम में लग जाती। पता नहीं कितनी फाईलों से वो क्या निकाल रहीं थीं। सरला कावेरी को अपने आप ही काम

करता देखती और आदमियों को काम सीखाते हुए देखती तो उसे अच्छा लगता। पर वो दुखी थी यहां की और महिला ऑफिसरों को देखकर। लड़कियां भी उन आदमियों की मनमानी सहतीं, पर कुछ बोलती नहीं। सरला घुट रही थी इन सोचों के झुंड में। तभी उसे आशिमा के थप्पड की कहानी पता चली...। सरला को थोड़ी राहत मिली कि चलो कोई तो मिला यहां ढंग का इंसान। हुआ ये था कि आशिमा एक सुंदर, दबंग और आत्मनिर्भर लड़की थी, पर थी कांट्रेक्ट जॉब पर। इस बत्तीस साल की लड़की पर बहुतों ने हाथ आज़माने की कोशिश की पर वो किसी के हाथ नहीं आई। एक दिन एक पहाड़ी लड़के ने उसे कुछ कह दिया, आशिमा ने उस लड़के को ऐसा घुमा के थप्पड़ मुंह पर छापा कि उसके गोरे चेहरे से कई दिनों तक वो निशान नहीं छूटा। उस लड़के को पूरे एक हफ्ते की छुट्टी लेनी पड़ी, थप्पड़ था ही इतना जबरदस्त। ये कहानी दूर...दूर तक गूंज गई। आदमियों के दिल पर बिजली बन कर गिरी। आशिमा की सहेलियों ने आशिमा को बधाई दी और सीनियर महिलाओं ने उसे डराया...।

"अरे तुम लड़की हो वो आदमी है। कितने लोगों से लड़ लोगी। अरे क्या हुआ जो उल्टा सीधा बोल रहा था। भगवान जी ने दो कान इसीलिए तो दिए हैं। एक से सुनो और एक से निकालो।"

आशिमा चीख पड़ी,

"मैडम क्या है ये... वो स्स्सा पता है आपको, मुझे रोज ही कोई ना कोई गंदी बात बोलता था। कि शादी कर लूं वरना जवानी ढल जाएगी तो ज़ोर नहीं रहेगा। मैंने भी उसे दबा के कान के नीचे ऐसा दिया कि उसे भी पता चले कि बेटा ऐसी बात आगे से किसी लड़की से फिर कहने की हिम्मत नहीं करे।"

आशिमा अपने फ़ैसले से खुश थी। ये बात रिन्नी मैडम को पंसद नहीं आई क्योंकि ये बात उमेश को पसंद नहीं आई थी। तो आशिमा से माफ़ी नामा लिखने को कहा गया। आशिमा कांट्रेक्ट

पर थी। घर की अकेली कमाने वाली। मां बीमार रहती थी। तो उसे माफ़ीनामा लिखकर देना पड़ा। पर सरला.. उस सारे दिन परेशान रही पर किसे कहती, क्या कहती, ये सब तो उससे कई गुना ज्यादा पढ़ी लिखीं समझदार महिलाएं थीं।

सरला को इस ऑफिस में तीन साल हो गए थे। कावेरी के कई बार उससे कहने पर सरला ने आगे पढ़ाई के लिए फार्म भर दिया था। उसको इस साल ग्रेजुएशन करनी ही थी। इसलिए उसको फार्म लेने यूनिवर्सिटी जाना था। वो सुबह जल्दी आकर अपनी हाजिरी लगा के निकल जाना चाहती थी। साढ़े नौ ही बजे थे वो अपनी हाजिरी लगा कर निकल ही रही थी कि उसे कॉरिडोर में किसी के भागने की आवाज़ आई। उसने देखा कि कॉरिडोर में उमेश किसी लड़की को थप्पड पर थप्पड मारे जा रहा है। सरला काफी पीछे थी और कॉरिडोर में रोशनी भी नहीं थी। उसे ढंग से दिख भी नहीं रहा था। एक बार उसने सोचा कि वो उस तरफ जाकर देखे तो...फिर सोचा काहे इस पचड़े में पड़ना। यहां तो किसी का कोई रिश्ता ही समझ नहीं आता। हो सकता है ये उमेश की जम्मू वाली गर्लफ्रेंड हो। जिसका जिक्र ऑफिस में अधिकतर होता रहता है। सरला बाहर निकलने के मूड से मुड़ी पर उससे रहा नहीं गया और वो वापिस आ गई। उसने देखा कि लड़की भागने की कोशिश कर रही है पर उमेश उसे थप्पड़ पर थप्पड़ मारे जा रहा है। सरला ने ध्यान से देखा, अरे ये तो करुणा मैडम हैं। अभी कुछ दिन पहले ही तो ट्रांसफर होकर आईं थीं। उमेश इन्हें मार क्यों रहा है? सरला उस कॉरिडोर में चलने लगी। उसने आवाज दी करुणा मैडम। उमेश झेंप गया। और अपने थुलथुले पेट को संभालता हुआ फटाफट सीढ़ियां उतर गया। करुणा सरला के गले से लग कर रो पड़ी। सरला को समझ नहीं आ रहा था कि ऐसे में क्या कहे, क्या करे। पर उसने इतना ही कहा,

"मैडम....उमेश आपको कैसे मार सकता है?"

करुणा की रो-रो के हिचकियां बन गईं थीं। पर वो थोड़ा संभलते हुए बोली,

"सरला दीदी.. वो मेरा पति है। वो नहीं चाहता कि मेरी ट्रांसफर यहां हो। अब हो गई है तो वो उसका गुस्सा उतार रहा है। और मेरे टेलिफोन के नंबरो की लिस्ट ले कर आया है कि मैं रात को अपने यारों से बात करती हूं।"

सरला के मुंह से छिः निकला। अब सारे सवाल ही बेकार थे। पर सरला चुप नहीं रहना चाहती थी। सरला ने करुणा को उसके कमरे में बिठाया और कहा,

"मैडम आप उसे तलाक़ क्यों नहीं दे देतीं। जो आपको बाहर मारने से नहीं चूक रहा वो घर में आपका क्या हाल करता होगा। आप उसे छोड़ क्यों नहीं देतीं। किस बात का डर है आपको। आप पढ़ी-लिखी हो। कमाती हो। क्यों सहना ऐसे आदमी को। छोड़ दो उसे आज ही।"

तभी आशिमा करुणा के कमरे में एंट्री करते हुए बोली,

"छूटा ही हुआ है सरला दीदी...ये डेढ़ साल से अपने घर ही तो रह रही है। छः महीने ही वो मोटा सांड इसे रोटी खिला पाया फिर मारपीट के भेज दिया इसके घर कि जा अपने बाप से मोटर साईकिल के पैसे लेकर आ।"

उमेश जिन महिलाओं की चमचागिरी कर अपना उल्लू सीधा करता था उनके लिए सांवला कृष्ण कन्हैया कहलाता था। जो लड़कियां उसके कहे अनुसार चलतीं थीं उनके लिए वो बहुत अच्छा इंसान था। पर जो लड़कियां उसके हाथ नहीं आती थीं, उनको वो किसी ना किसी तरह तंग करता ही रहता था। इन लड़कियों ने उसके कई नाम रखे हुए थे। आपस में इन्हीं नामों से पुकारती थीं उसे, कभी मोटा सांड तो कभी अंधेरा...तो कभी ब्लैकी, तो कभी मेल प्रोसटीट्यूट, बैसाखी, नाजायज़ बाप। ये उनका अपनी भड़ास निकालने का तरीका था।

पर सरला की सुईं इसी बात पर अटक गई थी।

"करुणा मैडम आप नौकरी करते हो। पढ़ लिखे हो। फिर भी कैसे सह सकते हो किसी आदमी की मार को... वो भी सरे आम।"

करुणा सुबकते हुए बोली,

"दीदी मेरी दो छोटी बहनें हैं। मेरा तलाक़ हो गया तो उनसे शादी कौन करेगा? मेरी माँ भी नहीं है। पापा पर अकेले बहुत सा बोझ पड़ जाएगा।"

सरला को समझ नहीं आ रहा था ये कौनसी मजबूरी होती है। उसके बाबा भी इसलिए उसे निबटाना चाहते थे कि और दो छोटी बहनों की शादी करनी हैं। वो जानती थी कि वो सरजू का घर छोड़कर अपने घर चली गई तो ना उसकी बहनें ये बात पसंद करेगीं ना बाबा। मायका लड़की की ज़िंदगियों में बहुत अहम् भूमिका निभाता है। या तो उन्हें ख़त्म कर देता है या फिर बना देता है। सरला को तो ऐसा ही मायका मिला था खत्म करने वाला। नज़रें फेरने वाला।

सरला जो जीवन जी कर आई थी, नहीं चाहती थी कि ऐसा जीवन करुणा भी जीए। पर इससे ज्यादा क्या कहती। सरला को लगा कि उन्हें लिखित शिकायत तो देनी ही चाहिए।

"ठीक है करुणा मेडम.. मत दो तलाक़ पर आप अभी रिन्नी मेडम, कुंद्रा मेडम और नलिनी मेडम को लिखित शिकायत भेजो कि उमेश ने ऑफिस टाईमिंग में आपको मारा है"।

सरला इन तीन सालों में ऑफिस के काफी कानून-क़ायदे जान गई थी। फिर बोली, "आप इस बात को भी लिखना कि ऑफिस के अंदर मारा है। ये ज़ुर्म है मेडम"।

ये कहकर सरला ने कागज़ और पैन करुणा के आगे रख दिए। पर करुणा के हाथ ही नहीं उठ रहे थे। सरला के बहुत कहने पर करुणा जैसे-तैसे कम्पलेंट लिखने को तैयार हुई। और कम्पलेंट में गवाह का नाम डाला गया... सरला।

सरला ने पहले सोचा कि वो कावेरी मेडम को बता दे। पर वो तो एकाऊंट्स सेक्शन की हेड थीं। उनका प्रोग्रामिंग सेक्शन से क्या लेना देना और वो भी क्या कर पाएंगीं। पर कावेरी मेडम तक सारी बातें पहुंच रहीं थीं। वो चुप थीं और अपने कमरे मैं बैठी किसी सही समय का इंतज़ार कर रहीं थीं।

कुछ दिनों बाद... तीनों मेडम यानी रिन्नी मेडम, कुंद्रा मेडम और नलिनी मेडम ने सरला को बुलाया और समझाया,

"सरला...ऐसा है कि तुम इस पचड़े में ना ही पड़ो तो तुम्हारे लिए अच्छा है। उमेश और करुणा मियां-बीवी हैं। वो...तो किसी न किसी दिन एक हो जाएगें पर तुम्हारी जान आफ़त में आ जाएगी। उमेश बहुत पॉवर फुल आदमी है"।

सरला उन तीनों औरतों को देखकर हैरान थी। वो औरतें थीं और अपने-अपने विभागों को संभाल रहीं थीं। एक डॉयेरेक्टर थी, एक अंडर सेक्रेटरी और एक सेक्शन ऑफिसर। इन तीनों औरतों का भी यही मानना था कि आदमियों के विरोध में आवाज़ उठाने का मतलब है कि औरत को हर हाल में सहना है। कम्प्लेंट करेंगीं तब भी वो ही सहेंगीं और नहीं करेंगीं तब...तो सह ही रहीं हैं। तो कम्पलेंट करने का क्या फ़ायदा। सरला तो औरत....औरत के फ़र्क को देखना चाहती थी। पर उसे अनपढ़ और आत्मनिर्भर औरत में कोई अंतर नज़र नहीं आ रहा था। एक अनपढ़ औरत, बेरोज़गार औरत ऐसी बात कहे तो सरला उसकी मजबूरी समझ सकती थी। पर अपने पैरों पर खड़ी हुईं ये औरतें ऐसा.. कैसे कह सकती हैं। औरत... होकर औरत का दर्द नहीं समझना चाहतीं थीं बल्कि ये सिखा रहीं थीं कि आदमियों से पंगा लेकर जीना मुश्किल है। सरला ने तीनों को सिर झुका कर सुना फिर अपनी कुर्सी से खड़ी होकर बोली,

"मैडम कुछ मुंह से ग़लत निकल जाए तो मुझे माफ़ करना... पर मैं इतना जरुर कहना चाहूंगी कि मेरा आदमी भी मुझे बहुत

मारता था। मैं भी यही सोचती थी कि बस यही मेरी जिंदगी है। वो मरा। मुझे ये नौकरी मिली। मुझे लगा यहां की औरतें कितनी आज़ाद होंगीं। अपने फ़ैसले खुद लेती होगीं। जो इतने बड़े विभागों को संभालती हैं वो कुछ भी कर सकती हैं। पर सब भुलावा था। यहां तो औरत कितने भी ऊंचे पद पर क्यों ना हो वो अपने पति से पूछकर ही फ़ैसले लेती है। इस ऑफिस में उमेश से पूछे बिना आप लोग एक फाईल भी नहीं हिलातीं। तो जब उमेश से ही पूछ कर सारे ऑफिस के काम करने हैं तो आप सब उसके घर में उसका चूल्हा फूंको...ना, और बैठा दो उसे इन कुर्सियों पर। वो संभाल लेगा...संभाल क्या लेगा... संभाल ही रखा है"।

सारी औरतों ने सरला को चुप करा दिया कि तुम्हारी हिम्मत कैसे हुई ऐसा बोलने की। तुमने अपने ऑफिसर्स से बदतमीज़ी की है इसके लिए हम तुम पर एक्शन ले सकते हैं। सरला जैसे अपनी कई सालों की भड़ास निकालने के लिए ही वहां खड़ी थी।

"आप मुझ पर एक्शन ले सकती हैं... आशिमा पर ले सकती हैं... करुणा पर भी लेगीं....पर एक बार अपने ऊपर भी तो एक्शन लेकर देखो मैडम जी। देखो कि तुम बेशक अपने पैरों पर खड़ी हो पर बैसाखियों के सहारे खड़ी हो...। माता-पिता ने कितने गर्व से पढ़ाया-लिखाया होगा कि हम अपनी बेटियों को आत्मनिर्भर बना रहें हैं। ये किसी पर निर्भर ना रहें। आत्मविश्वासी बनें। तुम्हारा रुतबा देखकर ख़ुश भी होते होगें। उमेश जैसा अर्दली देखकर भी लगता होगा कि वाह क्या बढ़िया आदमी मिला है, घर ऑफिस का काम करने के लिए। पर तुम्हारी मानसिक बैसाखियों को नहीं देख पा रहें होगें। वरना आज उन्हें अपने ऊपर गुस्सा आता कि क्यों दी तुम्हें शिक्षा। ऐसे तो अनपढ़ ही भलीं थीं। सच्चाई तो ये है कि तुम जैसी औरतें आदमियों के अत्याचार की ही गुलाम होती हैं। वो मानसिक रुप से खुद भी क़ैद हैं और बाकियों को भी कहतीं हैं कि ऐसे ही रहो, इसी में भलाई है।"

उमेश कमरे में आ चुका था। उसने आते ही कहा,

"मैडम आप सरला को ट्रमिनेशन लेटर दें इसने अपने सीनियर्स के साथ बद्तमीजी की है।"

सरला ने उसे घूर के देखा और कहा,

"उमेश मैं कांट्रेक्ट पर नहीं हूं तुम्हारी तरह। याद रखना ये बात। और ना ही कोई मजबूर लड़की हूं जिसे धमकी देकर तुम माफीनामा लिखवा लोगे। बेशक तुम्हारे ऊपर इन मानसिक रुप से अपाहिज औरतों का हाथ है पर मेरे ऊपर मेरे आत्मविश्वास का हाथ है। मेरी पुलिस को दी हुई गवाही तुम्हें ऐसा मारेगी कि तुम्हें बचाने तुम्हारे चम्मचे भी नहीं आ पाएगें। और ये महिलाएं भी नहीं। समझे..।"

"मैडम ये क्या कह रही है सरला... ऑफिस में पुलिस..?"

"हां ऑफिस में पुलिस, यहीं की....प्रर्मानेंट कर्मचारी को मारने के जुर्म में तुम्हें पकड़ने आ रही है...।"

"मैडम ये क्या बकवास कर रही है। आप इसे बतातीं क्यों नहीं हैं कि करुणा मेरी पत्नी है।"

"यही तो उमेश...ये तो डबल चार्ज बनता है। इसे कहते हैं डॉमेस्टिक वॉयलेंस और वो भी ऑफिस में एक प्रर्मानेंट एम्पालाई पर....यही चिढ़ है ना उमेश...कि करुणा प्रर्मानेंट क्यों है और तुम इतना रगड़ने के बाद भी चमचा ही हो...।"

उमेश गुस्से से कांप रहा था। उसकी किसी भी औरत पर चल नहीं पा रही थी। वो तीनों भी बूत बनी खड़ीं थीं।

"मैडम आप चुप क्यों हैं? आप इसे निकालती क्यों नहीं हैं। निकाल कर बाहर कीजिए इसे। बाकी मैं देख लूंगा कि क्या करना है इसका। आपको है ना मुझ पर विश्वास।"

"काम तो मैं भी नहीं करना चाहती थी इस गंदे माहौल में। पर उमेश अब पीछे नहीं हटूगीं...तुम जैसों को पता तो चलना ही चाहिए कि ग़लत...ग़लत ही होता है। आप भी सुन लीजिए मैडम।"

तभी ऑफिस का दरवाज़ा नॉक हुआ...और खुल गया। सामने पुलिस थी। करुणा के साथ कावेरी, आशिमा भी थी। सरला मुस्कुराई। अब ये महिलाएं कावेरी के स्वर में स्वर मिलाने लगीं थीं।

"अरे मैडम अच्छा ही किया आपने। इसकी बहुत कम्पंलेंट आ रहीं थीं।"

उमेश मैडम...मैडम करता रहा और पुलिस उसे ले गई।

रिन्नी, नलिनी और कुंद्रा मेडम को मन ही मन बुरा तो लग रहा था पर कावेरी के सामने वो क्या कह सकती थीं।

कावेरी ने तीनों मैडम के सामने एक कुर्सी पर बैठते हुए कहा,

"मैडम शायद आपको पता ना हो कि इस ऑफिस में मेरी ट्रांसफर होने के पीछे क्या कारण है?"

तीनों ने अपने मासूम से चेहरे और गर्दन ना में हिलाई....

"ऑऊट सोर्स का सारा काम तीन कंपनियों को ही जा रहा था। सारा काम सिर्फ इन्हीं तीन कंपनियों तक कैसे पहुंचाना है ये दिमाग़ औरत का नहीं हो सकता। औरतों का भ्रष्टाचार घर के खर्चों में सिर्फ थोड़े पैसे बचाने तक सीमित हो सकता है पर लाखों करोड़ों की लेनदेन का नहीं। इसके लिए आदमी ही बनें हैं। तो उमेश से बेहतर कौन हो सकता था। उमेश का रंग ही काला नहीं था। वो दिल से भी महाकाला था। और वो ही आपके महाकाले कामों में आपका साथ दे रहा था...हां के ना.. ?."

तीनों के चेहरों पर जैसे लकुवे का प्रहार हो गया हो..जहां थे वहीं के वहीं अटके रह गए.....।

करुणा और आशिमा टेपरिकार्डर लेकर बैठ गईं। ये तैयारी देखकर लग रहा था कि कावेरी ने काफी अच्छी तैयारी की है इन महिलाओं को एहसास कराने के लिए कि तुमने अपने दिमाग़ से कोई काम नहीं किया क्योंकि ग़लत काम करने का दिमाग़ औरतों के पास होता ही नहीं है। औरतें तो शादी के बाद सहेलियां भी पति या बच्चों की सलाह से तय करतीं हैं। पति ने मना कर दिया कि तुम्हारी ये सहेली मुझे पसंद नहीं है तो पत्नी उससे नाता तोड़ लेती है। बेटे को दो चार अपनी सहेली की बुराईयां क्या कर दी कि बेटे ने कह दिया अब ये आंटी हमारे घर नहीं आएगीं। तो फिर औरत के चाहने के बाद भी वो नहीं आ पाएगीं। कहां औरतें अपने फैसले खुद ले पातीं हैं। कावेरी ने उनसे ये बात एक प्रश्न की तरह पूछी... ले पातीं हैं? नहीं ना....।

कावेरी ये लेक्चर क्यों दे रही है। तीनों को कुछ समझ नहीं आ रहा था। अब कावेरी मुद्दे पर आई।

"सारा ऑऊट सोर्स का काम रिन्नी मेडम आपके हसबेंड की कंपनी को मिल रहा है। तीनों टेंडर...तीनों ही आपकी कंपनी के। अलग-अलग लोगों के नामों से रजिस्टर हैं पर हैं आपकी ही कंपनियां। नलिनी मेडम आप उनका सारा काम देखती हैं कि कैसे प्रोग्राम बनेगें। और कुंद्रा मेडम किसी के बिल पास हों या ना हों पर रिन्नी मेडम के पति की कंपनी के बिल फटाफट पास हो जाते हैं। ठीक कह रहीं हूं ना...और इन सब कामों में दिमाग़ चला आपके पति और उमेश का। आपके दिमाग़ इतने शातिर हो ही नहीं सकते, ठीक है ना?"

तीनों के चेहरों पर पसीना था। एसी तो 16 पर था फिर भी इतना पसीना। अब क्या होगा पता नहीं... यही सोच रहीं थीं वो। कावेरी ने फिर कहा,

"पता नहीं अब तुम्हारे पति क्या करेगें?"

पर तुम्हारे सारे ग़लत कामों के पेपर्स मेरे पास हैं। मेरा ट्रांसफर यहां यही इन्फार्मेशन इकट्ठी करने के लिए किया गया था। अब बहुत कुछ है मेरे पास प्रेंजेंट करने के लिए। आप देख लें आपको क्या सफ़ाई देनी है। पर इस वक्त ये रिक्वेस्ट करुंगीं, प्लीज़ अपना दिमाग इस्तेमाल करें। आप आराम से बच जाएगीं। अपने पति या उमेश या किसी भी आदमी की सलाह पर कुछ मत कीजिएगा। इतने बड़े विभाग को चला सकतीं हैं आप। प्लीज़ अपने फ़ैसलों पर अपनी मुहर लगाईये, आपकी पोस्ट की भी एक इज्ज़त है। आपके दायित्व बड़े हैं। आप से, यहां पर आने वाली कई लड़कियों को सीखने को मिलेगा। आप उनकी रोल मॉडल बन सकतीं हैं। आप अपने तरीके से काम कीजिए ना, उसमें अपने पति या उमेश जैसों की हेल्प क्यों लेती हैं। हैं आप कैपेबल। बस आत्मविश्वास से काम करिए और ग़लत काम को ना कहना सीखिए। बेश्क के वो कोई आपका कितना ही अपना क्यों ना हो।"

कावेरी, करुणा, आशिमा और सरला गर्व के साथ कमरे से बाहर आ गईं। सरला मन ही मन सोच रही थी, औरत...औरत का फ़र्क कुछ नहीं होता, बस एक हिम्मत का फ़र्क होता है। कावेरी के मुंह से निकला... "जैसी हिम्मत हमारी सरला ने दिखाई"।

चारों मुस्कुरा के आगे बढ़ गईं।

2

एक बार कहा तो होता

बहुत देर से मेरे दरवाज़े पर दस्तक हो रही थी और मैं अपने कान बंद किए सोच रहा था कि ये कौन है जो सुबह-सुबह किसी का दरवाज़ा खटका रहा है। पता नहीं ये ट्रेन भी सुबह-सुबह ही क्यों किसी शहर पहुंचती है और इतवार वाले दिन तो लोगों की नींद बर्बाद करने के इरादे से ही आती है। अरे शहर की भागदौड़ क्या होती है इस ट्रेन को क्या पता। अपना तो लेट हो-हो के आराम कर लेती है पर शहरों के दरवाजों पर मेहमान सुबह-सुबह ही उतार देती है।

"लो संभालो...ले आई मैं आपके मेहमान" और लोग उबासियों के साथ मुस्कुराने की नाक़ाम कोशिश के साथ उनका स्वागत करते हैं। मेहमान उनकी अधखुली आँखों को देखकर कहते हैं,

"ओ सो रहे थे, च्च्च्च आपकी नींद डिस्टर्ब कर दी।"

कह तो सच ही रहें होते हैं पर मेजबान इस सच को हंस कर झूठलाते हुए कहते हैं...

"अरे नहीं...नहीं कहां...हम तो आप ही का इंतज़ार कर रहे थे।"

और बात करते-करते एक बड़ी सी उबासी को छिपाते हुए उनका समान उठाकर अंदर ले जाते हैं।

पर मैं इस मामले में सुखी हूं। मेरे दरवाजे पर कोई दस्तक़ नहीं देता। माता-पिता ने मेरी शादी की ख़्वाहिश को टूटता देख मुझसे ही नाता तोड़ लिया,

"के अब, जब तक तू शादी के लिए हां नहीं करेगा तब तक हम तेरी चौखट पर क़दम नहीं रखेगें"

रिश्तेदार तो मुझसे दूर से ही हाथ जोड़ देते हैं कि इस गूंगे के पास कौन जाए। जो सिर्फ हां ना के अलावा कुछ बात ही नहीं करता। कभी कुछ दोस्त हुआ करते थे पर अब वो सब अपनी घर गृहस्थी में व्यस्त हैं। तो मेरा दरवाज़ा तो कई सालों से दस्तक़

विहीन है तो इस दरवाज़े पर दस्तक़ का तो सवाल ही नहीं पैदा होता। इस बात से अंजान मैं कि ये दस्तक मेरे ही दरवाज़े पर हो रही है। मज़े से मेहमान, दरवाज़ों और उनकी की दस्तक़ पर अपनी रिसर्च कर रहा था। तभी मेरे दरवाजे पर एक दरवाज़ा तोड़ दस्तक़ हुई कि मैं उछल पड़ा,

"अरे यार ये तो मेरे दरवाजे पर ही है कोई है?"

पलंग से मेरे दरवाज़े की दूरी कोई ज़्यादा नहीं थी पर इस दूरी को लांघने के बीच में पता नहीं क्या-क्या सोच गया। कौन होगा मेरे दरवाजे पर? मां-पिताजी से तो अभी मिलकर आया हूं। हड़बड़ाते हुए दरवाज़ा खोला तो मुंह से निकला

"ससस्निगधा तुम...????

"हां मैं..."

अपना बड़ा सा ट्रॉली बैग कमरे में घसीटते हुए आई। और चारों और देखकर एक दीवार से अपने बैग को सटा कर टिका दिया। और मेरे सुस्ताए से बिस्तर पर धम्म से ऐसे बैठी कि मेरे बिस्तर की सुस्ती गायब हो गई और बेचारे की भी आँखें खुल गईं। फिर अपनी आँखों से मेरे घर को निहाराते हुए अपनी वही पुरानी अदा से बोली।

"क्या भई, कोई नशा-वशा तो नहीं करने लगे...पता है कितनी देर से खटखटा रही हूं। मोहल्ले की एक-एक खिड़की से कई-कई मुंडियों ने झांक-झांक कर देख लिया। कईयो ने तंग आकर दरवाजा खोल कर भी झांका और सामने वालों ने तो कहा भी कि देखो कहीं नीचे ताला तो नहीं लगा?"

"एक ने कहा अच्छा यहां कोई रहता भी है?"

फिर जोर से ठहाका मार के बोली, "बेटा मैं तो चली जाऊंगी फिर भुगतना मोहल्ले वालों की नज़रों को।

मैं उसकी बात पर मुस्कुरा दिया। हमेशा की तरह। जानता था उसके सामने सफाई देने का मतलब है चार और अच्छी-अच्छी बातें सुन लेना...। वैसे भी वो बोलने का मौका देती ही कहां थी।

स्निग्धा मेरे जीवन का वह परिवर्तन है जिसने मुझे जीना सिखाया था।

"क्या सोच रहे हो?"

ये कह कर स्निग्धा ने हमेशा की तरह मेरी सोचने की इस प्रक्रिया को तोड़ा। जो वो हमेशा ही तोड़ती थी। ना जाने क्यों? मैं उसके पास रहता था तब भी उसके बारे में सोचता था और दूर रहता तब भी। मैं उसकी बातों से यादों से एक सेंकण्ड भी अलग नहीं हो पाता था। उसे मेरी इस अपने में खो जाने की आदत से कोफ़्त होती तो नाराज़ होकर कहती,

"यार कौन है जिसके ख्यालों में तुम खोए रहते हो या तो बता दो...या फिर हमारे बीच से उसे हटा दो।"

स्निग्धा की बात में कोई लाग लपेट नहीं होती। हमेशा साफ बात। मैं उसकी बात पर हंस कर रह जाता। स्निग्धा ने मेरी सोच के सिलसिले को फिर से तोड़ते हुए कहा,

"क्या भई अचानक से धमक गए मेहमानों को देखकर हाथ पैर फूल गए के चाय-पानी, खाना पीना खिलाना पड़ेगा। चिंता ना करो तुम्हारा बजट हिलाने नहीं आई हूं।

मेरी नज़रे उसके चेहरे पर हमेशा से रुक कर उसे देखना चाहतीं थीं। पर वो एक अंजाने से डर से इधर-उधर ही होती होती रहतीं थीं। आदमी की नज़रे कितनी सफाई से काम करती है कि वो जो चाहता है उसे अपने दिल में उतार भी ले और उसके लिए उसे कुछ चुकाना भी ना पड़े। पर आज मैं साथ ही ये भी सोच रहा था कि स्निग्धा आज अचानक मेरे पास क्यों और कैसे...?

पर मन के एक कोने में खुशी थी कि ये फटीचर सा कमरा इसलिए ही तो नहीं बदला था कि कभी स्निग्धा आ गई तो वो मुझे ढूंढेगी कहां? और मन उसे बार-बार उन बीते हुए पुराने बरसों में ले जा रहा था। जहां उसे गिला था कि पता होता कि उस दिन के बाद से स्निग्धा उसे दिखेगी नहीं तो वो उसे एक बार अच्छी तरह से जी भर कर देख तो लेता। मेरे पास तो उसकी कल्पना करने के लिए भी चेहरा नहीं था जिसे देखता तो तक़रीबन रोज ही था पर उसकी चंचलता के आगे मैं उसे पूरी तरह से अपनी आँखों में उतार पाने में असमर्थ रहता।

हर दिन की तरह वो भी एक आम सा दिन था मेरे लिए पर उसके मिल जाने से वो दिन मेरे लिए ख़ास बन गया था। मेरा स्पेशल डे, जिसे मैं अकेले ही मनाता था। उस दिन मैं उससे मिलता नहीं था उसकी याद के साथ वो दिन मनाता था। क्या था ना वो दिन। जैसे मुझे वो अचानक मिली थी। वैसे ही अचानक एक दिन वो खो भी गई।

उसके साथ बिताए हर दिन को मैं हमेशा कई-कई बार रिवाइंड कर-कर के अपनी यादों में देखता था। मैं एक प्रदर्शनी में कुछ तस्वीरों को बार-बार लौट-लौट कर चार-चार, पांच-पांच बार देख चुका था। एक तस्वीर पर मैं काफी देर रुका रहा। वो पता नहीं कहां से आकर मेरी सोच में व्यवधान डालकर बोली,

"जी क्या बात है तस्वीर खरीद कर नहीं आँखों में समा कर ही घर ले जाएगें क्या?"

"नहीं, मेरा मतलब की" मैं सकपका गया था।

"मतलब की...समझ नहीं आ रही या समझ आ गई है और बनाने वाले को गालियां दे रहें कि मिले तो बताऊं कि ये क्या बकवास बना दिया है। अगर ऐसा है तो मैंने ही ये सब क्राइम किया है।"

मैं हैरान था उस पांच फुट की एक दम आम सी शक्ल सूरत वाली लड़की को देखकर। जिसकी यूएसपी थी उसकी बिंदास हंसी और सैंस ऑफ ह्यूमर। पर विषय अजीब सा था मां अपनी नन्हीं सी जान को मरता देखकर मुस्कुरा रही है। किसी में पेट में पड़े बच्चे को मारने की कोशिश कर रही है। किसी में बच्चे के लिए आग जला कर रखी है। बड़ी विनाशक सी तस्वीरें थीं।

मैं जानना चाहता था कि "ये क्या है...?"

उसने हंस कर कहा, "सच्चाई है।"

मैंने कहा,

"सच्चाई ऐसी नहीं हो सकती। क्या एक माँ ऐसी हो सकती है?"

वो हंसी,

"इसमें इतनी हैरानी क्यों? एबार्शन एक सच्चाई है की नहीं? किसे मारती है मां उसमें अपने बच्चे को ना?"

मेरे पास कुछ जवाब नहीं था पर फिर भी मैने इस सच्चाई को झूठलाते हुए कहा पर,

"वो उसकी मजबूरी होती होगी?" मैंने समाज से सुनी-सुनाई सफाई देने की कोशिश की।

"सौ प्रतिशत, अपने को जिंदा रखना है तो उसे एक को तो मारना ही पड़ेगा पर पूछना कभी उस माँ से की वो उसके बाद कभी अपने को जिंदा कह पाती?"

ख़ैर, ये कहकर उसने अपने को झटका। उस ख़ैर ने मुझे मेरे वर्तमान की याद दिलाई कि स्निग्धा हाथ-मुँह धोकर आ चुकी है। और हमेशा की तरह उसने मेरी सोच में बाधा डालते हुए कहा,

"ख़ैर मुझे पता है तुम कुछ खिलाने-पिलाने वाले तो हो नहीं... चलूं भई मैं ही कुछ बाहर जाकर देखूं"

मुझे उसके जाने की बात हमेशा ही हिला देती थी और मैं अपनी नाक़ाम कोशिश करता और नाक़ाम ही रह जाता।

"अरे अभी आई अभी जा रही हो, मैंने तो ये भी नहीं पूछा कि क्यों आई तुम्हारे साहब कैसे हैं?"

मुझे ये सब कहने में तकलीफ हो रही थी पर फिर भी मैंने पूछ ही लिया। उसने उसी अपने बिंदास लहजे में कहा, "आई तुमसे मिलने, जा रही हूं पता नहीं कहां?"

मैं आगे सवाल करता पर उसने मुझे चुप करा दिया।

"प्लीज कोई सवाल मत करना। मैं तुम्हें कुछ संभालने के लिए देने आई हूं और मैं जानती हूं कि तुम ही उसे संभाल सकते हो।"

इतना कहते ही उसने अपने हैंड बैग से एक लिफाफा निकाल कर मेरे हाथ में रखते हुए कहा।

"ये मेरे अतीत के कुछ पन्ने हैं सोमेश। जिन्हें मैं छोड़ना चाहती हूं। जानती हूं, मन में जो जीया है वो छूट तो नहीं सकता। पर फिर भी कोशिश कर रही हूं। तुम्हें तो मैंने हमेशा अपने सुखों में नहीं, दुखों का साझीदार बनाया है। पर आज आखिरी बार ये दुख दे रही हूं। अगर इन यादों को छोड़ नहीं पाई तो टूट जाऊंगी। और मैं अब टूटना नहीं चाहती...अब मैं जीना चाहती हूं। बिना किसी दुख के।"

इतना कहते-कहते उसकी आँखे भर आईं। और मैं सिर से पैर तक पसीने में भीग गया। स्निग्धा के साथ क्या हुआ था ऐसा कि जिसने उसकी आँख में आँसू दिए थे। मैं ये सब सोच ही रहा था कि वो अपना बड़ा सा ट्राली बैग घसीट कर ले जाने को तैयार थी। मैं कहना चाहता कि स्निग्धा कम-अज़-कम चाय तो पी जातीं...।

पर वो बाहर के दरवाज़े की ओर बढ़ चुकी थी। मैंने हिम्मत करते हुए बोला,

"स्निग्धा मैं चलूं आगे तक...?"

वो हंस पड़ी। उस हंसी में रोने का स्वर भी छलका था। और वो पीछे देखे बिना आगे बढ़ गई। मैं कुछ ना कह सका। ना उसके साथ आगे बढ़ सका। वहीं दरवाजे पर खड़ा उसे सीढियां उतरता देखता रहा। कितना बुजदिल सा दिल था मेरा। कब से जी चाह रहा था कि उसे एक बार रोककर जी भर के देख तो लूं। पर कभी ऐसा नहीं कर पाया था। आज भी नहीं। ये सब सपना सा लग रहा था कि स्निग्धा आई भी और चली भी गई। स्निग्धा मेरे जीवन का एक सुंदर सपना ही तो थी। जो आया भी और चला भी गया। हाथों ने मुझे याद दिलाया कि की मेरे हाथों में स्निग्धा का पत्र है। पता नहीं ये पत्र खोलते हुए क्यों अजीब सी घबराहट हो रही थी।

स्निग्धा का इस तरह से आना और अचानक इतने सारे प्रशनों को मेरे लिए छोड़ जाना। सुबह से यूं ही बैठा था मैंने तो मुंह हाथ भी नहीं धोया था। फटाफट मैंने सुबह से अपने रुटीन को निबटाया और चाय का पानी चढ़ा कर जैसे ही किचन से कमरे में आया तो स्निग्धा ने फिर से मुझे आ घेरा। कितनी दबंग लड़की थी स्निग्धा। पहली ही मुलाकात में हमने कितनी बातें कर लीं थीं आर्ट, कल्चर, पॉल्टिक्स पता नहीं क्या-क्या? और जाते हुए बोली थी अरे मैंने तो तुम्हारा नाम ही नहीं पूछा,

मैं मुस्कुराया...फिर धीरे से बोला "सोमेश"

अच्छा नाम है सोमेश, मेरा नाम स्निग्धा

मैं भी कहना चाहता था कि अच्छा नाम है तुम्हारा। पर उसने बोलने का मौका ही नहीं दिया। अच्छा फिर मिलेगें ऐसे ही कहीं। ये कह कर बिना पीछे देखे वो आगे बढ़ गई। और मैं उसको आखिर तक देखता रहा। ये सोचकर कि वो पीछे देखे तो मैं अपना हाथ हिलाऊं पर उसने पीछे मुड़कर नहीं देखा। थक कर मैं भी चल दिया वापिस। अपने एक कमरे के घर की ओर...। आज इतने वर्षों

बाद फिर स्निग्धा मेरे दिलो दिमाग पर छा गई थी। किचन में से आती हुई चाय की पत्ती की खुशबू ने मुझे इन यादों से चेताया कि अगर यादों का सिलसिला ऐसे ही चलता रहा तो आज कुछ ना कुछ नुकसान होकर ही रहेगा। चलो अभी तो चाय से बीती थी एक कप की जगह चौथाई चाय ही हाथ में आई। पर अभी के लिए काफी थी। सामने पड़े उस लिफाफे पर मेरी नज़र पड़ी तो फिर वही सोचने का सिलसिला शुरु हो गया। की छ महीने की मुलाकात में हम कितने क़रीब आ चुके थे। नहीं ये मेरी सोच ग़लत थी। क्यों पुरुष मन हर चीज़ पर अपना एकाधिकार रखना चाहता है। अगर वो मुझसे इतनी बातें करती थी इतना मिलती थी इसका मतलब ये तो नहीं कि मैं उसे????? नहीं...नहीं उसकी इस स्वतंत्रता को बांधना, उसके साथ अन्याय होगा। और मैं बहुत व्यवहारिक भी था। अगर मैं उसे अपनी जीवन संगनि के रुप मे देखता भी तो मेरे घरवाले उसे कभी स्वीकार नहीं करते। जिस लड़की के माता-पिता का पता ना हो उसे कैसे हमारा समाज एक बहू या बेटी के रुप में स्वीकार कर सकता है। और मुझमें तो इतनी हिम्मत ही नहीं थी कि मैं घर या समाज का विरोध कर सकूं। पर फिर भी उससे सस्नेह रहने का दिल करता था। कभी-कभी मन में बहुत इच्छा होती कि उसे छू कर देखूं कि वो सचमुच है ना या मात्र मेरी कल्पना है। एक दिन वो मेरे सपने की तरह कहीं गायब हो गई। उसके हॉस्टल के चक्कर लगा-लगाकर थक गया। तब जाकर बहुत ही मुश्किल से मालूम हुआ कि वो मुम्बई गई है। अपनी पेंटिंग्स की एग्जिबिशन लगाने। उसके बाद पता चला कि अब वो शायद बैंग्लोर में ही रहेगी। इस बात को पांच छ महीने हो गए थे सोचता कि वो मुझे बताकर नहीं जा सकती थी पर दूसरा मन कहता कि क्यों भई क्यों जाती बताकर। जागीर है आपकी? पर पुरुष मन है वो अपनी अथॉर्टि तो अपने आसपास के हर रिश्ते पर चाहने लगता है। चाहे उस रिश्ते को कोई नाम दो या ना दो, तो भी। अब मैं उसे भूलाने की कोशिश कर रहा था। चलो सपना ही सही पर अच्छा सपना था

हल्का सा टीस देता था पर याद करना अच्छा लगता था। उस टीस को मैं ख़त्म भी नहीं होने देना चाहता था।

पर समय के साथ...इस दिल को टीस की इतनी आदत पड़ गई थी...की अब दर्द का पता ही नहीं चलता था। पर स्निग्धा के पत्र ने एक बार फिर से सबको जिला दिया। स्निग्धा का पत्र, ये शब्द कहकर मन को कितनी खुशी हुई थी। और हाथों और दिमाग़ दोनों ने फटाफट ये काम किया कि उसका पत्र खोला और पढ़ना शुरु कर दिया। लग रहा था कि मेरा मन दिमाग सभी उसका इंतजार कर रहे थे मैंने तो उसकी यादों को जैसे-तैसे जबरदस्ती रोका हुआ था।

"सोमेश,

तुम्हें हैरानी हो रही होगी कि मैं अचानक कहां गायब हो गई। सोमेश तुम नहीं जानते इन छ महीनों में मैं तुम्हें एक सेंकण्ड के लिए भी नहीं भूली। हर बार सोचती रही कि तुम्हें ये बताऊंगी, वो बताऊंगी...पर मिलकर ही बताऊंगी। पर मुझे वापिस आने का टाईम ही नहीं मिला। मिलता भी कैसे क्योंकि आए एम इन लव...।

मैं ये लाइन्स पढकर चौंक गया। पिछली कुछ लाइनों को पढ़कर तो मैं ये सोचने लगा था की कहीं स्निग्धा मुझसे कुछ कहना तो नहीं चाहती। अगर कह दिया तो मैं कैसे रिएक्ट करुंगा। मेरे चाहने से क्या हो सकता है। क्या इतनी हिम्मत मुझ में है कि मैं अपनी बात अपने घर वालों को समझा पाऊं। पर स्निग्धा की अगली लाइन ने मुझे पूरी तरह से आज़ाद कर दिया। पर दूसरे ही पल लगा जैसे मेरे पुरुषत्व पर किसी ने प्रहार कर दिया हो। मेरा दिल हाहाकार कर उठा कि कौन है ऐसा? जो उस अनाथ को चाह सकता है। हमारा समाज ऐसे लोगों को अपनाने की अनुमति नहीं देता। काफी दिन ये बैचेनी बनी रही। उस आदमी को गालियां दे-देकर मैंने अपने दिनों को कुछ तो सुखमय बनाया। जरुर कोई

चाल बाज होगा? लड़की का इस्तेमाल करेगा और क्या, ये भी पागल है किसी से भी बातें करने बैठ जाती है। मुझसे भी तो ऐसे ही मिली थी। मैं तो...अच्छा था पर पता नहीं, वो कौन होगा कैसा होगा...? इस जद्दोजहद से निकले हुए महीना ही हुआ था कि स्निग्धा का दूसरा पत्र मेरे दरवाजे से अंदर मेरी टेबल के पैरों पर मस्ती से पड़ा था। दरवाजा खोलते ही मैंने स्निग्धा का पत्र उठाया। बिना पढ़े ही मेरा मन ये सोच चुका था कि वो कोई प्यार-व्यार नहीं था। वो आ रही है मेरे पास...।

सोमेश,

जानते हो सोमेश? मेरे जीवन में खुशियों ने दस्तक़ दीं। और जब मैंने दरवाजा खोला तो बस प्यार-प्यार-प्यार ही था। एकांश, एकांश नाम है उनका। वो मेरी जिंदगी में अचानक आए। सोमेश मुझे शिकायत है कि तुमने मुझे बताया क्यों नहीं कि तुम्हारी दुनिया के लोग इतने अच्छे होते हैं। वरना मैं तो एक दूरी के साथ ही सबसे दोस्ती करती थी कि पता नहीं कब तुम लोगों की दुनिया मेरे माता-पिता का नाम पूछ कर मुझे ज़लील कर दे। पर एकांश ने कुछ नहीं पूछा पता है और उसने आठ जून को मुझसे शादी कर ली। एकांश ने अपना घर अपना परिवार मेरे लिए छोड़ दिया। मैं ऐसा नहीं चाहती थी सोमेश। पर एकांश का कहना था कि घरवाले जिस दिन तुझसे मिलेगें ना उस दिन अपने आप ही मान जाएगें। मुझे तो अभी तेरे से शादी करनी है। क्योंकि मैं अब तेरे बिना नहीं रह सकता। पता है वो पहले दिन से मुझसे ऐसे ही बात करते हैं तू...कहकर। मुझे पहले दिन तो अज़ीब लगा। पर उनका कहना है कि जब लाड़ आता है ना किसी पे उसे आप बोला ही नहीं जा सकता। सोमेश इस इतनी सी प्यारी दुनिया का बहुत-बहुत शुक्रिया...पता नहीं अब कब तुम्हें पत्र लिख पाऊं पर जब मेरी खुशियां संभाले नहीं संभलेगीं तो तुम्हें पत्र लिखकर संभालने को दूंगी...।

स्निग्धा...

स्निग्धा की शादी हो गई। इतना सोचते ही मेरी आँखों से टपटप आँसू बह गए। मन में कोई था जो मुझे झिंझोड़ रहा था। अगर मैं उसे नहीं अपना पाया तो क्या कोई दूसरा नहीं अपना सकता? सभी मेरी तरह बुज़दिल थोड़ी होते हैं। पर मेरी जलन मुझे एकांश की तारीफ़ नहीं करने दे रही थी। चाय कब की रखी-रखी ठंड़ी हो चुकी थी पर सोचने का सिलसिला यूं ही जारी था। सामने रखा स्निग्धा का दिया हुआ लिफ़ाफ़ा मुझे अपनी ओर खींच रहा था। मैंने ग़हरी सांस लेकर उसे खोला...काग़जों को सीधा करते हुए उसे पढ़ना शुरु किया।

सोमेश,

मुझे मालूम नहीं था इस दुनिया में पैदा होने के बाद भी कई बार फिर जन्म लेना पड़ता है और फिर मरना पड़ता है। आज मेरी क्या स्थिति है, मैं नहीं जानती। पर मैं जीना चाहती हूं। मैं बुज़दिल नहीं हूं पर मैंने भी मरने की एक बार कोशिश की थी।

मैं ये लाइन्स पढ़कर सिहर उठा...फिर अपने को संभालते हुए फिर से पढ़ना शुरु किया।

एकांश, मुझे पुर्नजन्म देने वाला एकांश। मै उसे छोड आई क्योंकि मैं उसे पाना चाहती हूं। कितनी दूर हो गए थे हम एक दूसरे को पाकर। मैं उसे खोना नहीं चाहती इसलिए उसे छोड़ आई। हमारी शादी के बाद एकांश ने अपना घर-परिवार छोड़ दिया था। शादी करने के बाद एकांश और मैं घूमने निकल गए। पूरे चालीस दिन एकांश ने मुझे वो सारी खुशियाँ दीं जिनकी मैंने कभी कल्पना भी नहीं की थी। एकांश के प्यार ने मेरे पिछले जीवन का एक-एक कड़वा पल मुझे भूला दिया। मैं उसके प्यार से सराबोर थी। बस अब जीवन का दूसरा नाम एकांश.ही था। चालीस दिन बाद जब हम अपने घर आए तो कसक थी कि एकांश का पूरा परिवार मेरे साथ होता। लालची सी हो गई थी एकांश का प्यार पाकर...अब

सबका प्यार चाहिए था। ये तुम्हारी दुनिया में आने का पहला साइड एफेक्ट था सोमेश, कि इच्छाओं को हावी होना आ जाता है। एकांश का कहना था कि तुझ से जिस दिन मेरे घर वाले मिल लेगें उस दिन जरुर कहगें, भई ऐसा एक ही पीस है या दो चार और हैं तो वो भी ले आ...अच्छी क्वालिटी है...। मैं उसकी बातों पर हंस देती। उस दिन घर पहुंच कर अपनी नई घर गृहस्थी में लग गई। और एकांश इतने दिनों की आई हुई डाक को देखने लगे। उसमें एक टेलिग्राम भी था। उसमें क्या था मुझे नहीं पता चला पर ये लगा कि उसके खुलते ही मेरी खुशियों के दरवाज़े हमेशा के लिए बंद हो गए। एकांश कमरे में आए और अपनी पैंकिगं करने लगे। मै डर गई कि अचानक क्या हो गया? एकांश का ऐसा चेहरा मैंने कभी नहीं देखा था। "एकांश क्या हुआ?"

मैंने पूछने की कोशिश की। एकांश ने मेरे कंधे पर हाथ रखते हुए कहा, "स्निग्धा मैं कुछ दिनों में आ जाऊंगा तुम चिंता मत करना ये कुछ पैसे रखो और जरुरत पड़े तो मेरी अलमारी में भी कुछ पैसे रखें हैं। खैर में दस दिन में आने की कोशिश करुंगा।"

"पर क्या हुआ एकांश?"

"कुछ नहीं माँ शायद...मेरी शादी के ग़म को सह नहीं पाई और उनका देहांत हो गया।"

उस घर में मैं अकेली इस अपराध बोध से जी रही थी। पर इंतजार था कि दस दिन बाद तो एकांश आ ही जाएगें तो मैं उनसे खूब-खूब माफी माँगूगी कि मेरे कारण उनकी माँ को इतनी ठेस पहूंची। दस दिन बीते, बीस दिन बीते फिर पूरे 25 दिन बाद मेरे दरवाजे पर बैल बजी तो मैं जानती थी कि ये एकांश ही होगें। एकांश ही थे। दरवाजा खोलते ही मैं चहक कर उनके सीने से लग जाना चाहती थी पर एकांश का चेहरा पत्थर में तब्दील हो चुका था। चेहरे पर बढी हुई दाढ़ी आँखे लाल...एकांश सीधे अपने कमरे में

चले गए। मैं पानी लेकर अंदर गई तो उन्होंने पानी पीने से मना कर दिया। मैं आराम करना चाहता हूं। इससे ज़ाहिर था कि मैं कमरे से बाहर चली जाऊं। पर फिर भी मैंने हिम्मत करके पूछने की कोशिश की एकांश मम्मी कैसे...सब घर में कैसे...पर उसका एक ही जवाब था। स्निग्धा जो होना था सो हो गया अगर इजाजत दो तो मैं थोड़ा आराम कर लूं। इसके बाद मैं उस हमारे कमरे मे अपने को अंजान सा महसूस करने लगी।

रात के आठ बज चुके थे पर एकांश का दरवाजा यूंही बंद था। मैंने फिर सारी हिम्मत बटोरकर एकांश के कमरे का दरवाज़ा खोला। एकांश दीवार पर लगी माँ की फोटो को एकटक निहार रहे थे। मैंने कमरे के उस सन्नाटे को तोड़ते हुए कहा,

"खाना लगा दूं?"

एकांश ने मेरी ओर देखे बिना ना कर दिया। मैं वहां खड़ी सोमेश इस बात का इंतजार कर रही थी कि एकांश एक नज़र भर मेरी तरफ देख लें तो मैं उनसे माफी माँग लूं। पर वो तो मेरी तरफ देखना ही नहीं चाहते थे।

इस पत्र के पन्ने जैसे-जैसे पलटते जा रहे थे वैसे-वैसे ये एहसास हो रहा था कि इसे लिखते हुए स्निग्धा कितनी-कितनी बार इस पर सिर रख-रखकर रोई होगी। जगह-जगह से हर्फ़ बह कर फैले हुए थे। काग़ज अकड़ा हुआ था...।

मैंने अपनी सोच को बीच में ही जबरदस्ती लगाम दी और स्निग्धा का पत्र पढने लगा। थोड़ी देर बाद एकांश अपने कमरे से बाहर निकले। वही बैग था हाथ में। मैं पूछती इससे पहले ही बोले,

"मैं जा रहा हूं...जल्दी ही लौट आऊंगा।"

मैंने कहा,

"एकांश...प्लीज मुझे भी ले चलो"

पर वो चुपचाप आगे दरवाज़े की ओर बढ गए। मन फट चुका था। सोमेश मैं उस दिन बहुत रोई थी बहुत। मुझ पर ये ख़ुशियां इतनी भारी पड़ेगीं अगर ज़रा सा भी मालूम होता ना तो मैं अपनी छोटी-छोटी खुशियों में ही ख़ुश रहती। मुझे नहीं चाहिए थी ये बड़ी-बड़ी खुशियां। पूरे एक महीने उस क़ैद में इस इंतजार में पड़ी रही कि आज एकांश आएगें...आज आएगें पर वो नहीं आए। एक दिन फिर उस दरवाजे की घंटी बजी तो मैं खुशी और इस निर्णय से आगे बढ़ी कि आज तो एकांश से लड़ ही पडूगीं कि क्यों मुझे उसकी दी हुई खुशियां एहसान लगती हैं। जिनके बारे मैं सोचती हूं तो लड़ भी नहीं पाती। दरवाजा खोला तो सामने एक अजनबी चेहरा था। दिमाग़ ने उसे एक्सेप्ट करने में थोड़ा समय लिया वो अजनबी चेहरा बोला...

"मैं एकांश भाई का छोटा भाई हूं। भईया ने अलमारी में से अपनी कुछ फाइलें और सारे कपड़े मंगवाएं हैं। वही लेने आया हूं।"

मेरा दिल कांप रहा था...मैंने उससे डरते-डरते पूछा,

"एकांश कब आएगें?"

उसने सपाट सा उत्तर दिया "कभी नहीं।"

मैं ज़ोर से चीखी, "तुम झूठ बोल रहे हो?"

वो मेरे से भी ऊंची आवाज में चिल्लाया, "नहीं मैं सच बोल रहा हूं...।"

फिर खुदंक के साथ तेज़ आवाज में चीखा,

"तुम ही हमारी माँ को मारने वाली हो। हमारे भाई को फंसा लिया और माँ ने भाई के ग़म मे दम तोड़ दिया।"

और इतना कहकर एकांश की अलमारी सा सारा समान सूटकेस में डालकर दरवाज़े से बाहर निकल गया।

सोमेश, ये दोबारा अनाथ होने की प्रक्रिया मेरे लिए बहुत ही दर्दनाक थी। आज मुझे एहसास हो रहा था कि मैं पैदाइशी अनाथ

हूं। हर बार अनाथ ही जन्म लूंगी और अनाथ ही मरुंगी। अनाथ हो इसको स्वीकार करने के बाद गज़ब की हिम्मत आती है। अपनी लड़ाई खुद ही जो लड़नी होती है। मैंने उसकी एक डायरी में उसके घर का पता ढूंढा और उसके घर पहुंच गई। एकांश के शरीर पर हल्दी लगाई जा रही थी। वो फोटो में दिखने वाली एकांश की माँ पास ही पीढ़े पर बैठीं अपने बेटे को चाव से निहार रहीं थीं। मुझे इस खुशी के माहौल में देखकर सभी परेशान हो गए। एकांश का भाई और उसके दोस्त मेरी तरफ आगे बढ़े जो सोच रहे थे पता नहीं मैं क्या करने आई हूं।

मैं मुस्कुरा कर आगे बढ़ी और एकांश की माँ के हाथ में उस घर की चाबियां और सारे पैसे वो पैसे भी जो उसने मुझ पर उन चालीस दिनों मे खर्च किए थे उनके हाथ में रखकर सबकुछ सौंप कर आ गई। बस जो चालीस दिन मैंने एकाशं के साथ बिताए थे उसके अलावा सब कुछ सौंप आई उन्हें। एकांश मेरी तरफ देखना चाहता होगा पर देख नहीं पाया। मैं उसे एक बार अच्छी तरह देख लेना चाहती थी। कुछ पल रुक कर मैंने उसे अपने मन में समाया और उससे कहा,

"एकांश तुम मुझसे भागे क्यों? एक बार कह कर देखते तो सही। मैं एक पल भी ना लगाती तुम्हें छोडने में। लो तुम्हारी दुनिया, तुम्हारा समाज, तुम्हारा घर, सब कुछ छोड़कर जा रहीं हूं। मन में कोई कुंठा मत रखना। मैं तो तुम्हारे प्यार की आभारी हूं। नौ महीने जिस माँ ने अपने पेट में रख कर उसने अनाथ कर दिया। तुम तो कुछ ही दिन साथ देकर मुझे अनाथ कर गए। मुझे कोई शिकायत नहीं है। ख़ुश रहना।

सोमेश चली आई उस दुनिया को छोड़कर। उस निर्जीव नाल की तरह जो नौ महीने बच्चे को अन्न खिलाती है। और बच्चे के बाहर आते ही उस नाल को ही सबसे पहले काट दिया जाता है।

काट दिया मैंने वो संबध। एकांश को उस नाल के कटने पर दर्द हुआ हो या ना हुआ। मुझे है...आज भी है वो दर्द। और हमेशा रहेगा।

अब कुछ नहीं सोचती। बस इतना जरुर सोच जाती हूं कि जिससे मिलना नहीं होता उससे क़िस्मत मिला क्यों देती है।

तुम्हारी दुनिया से सवाल तो मैं बहुत करना चाहती थी। पर छोड़ो मैं तुम्हारे साथ स्वार्थ का संबध और ज़्यादा नहीं रखना चाहती। पर फिर भी मैं इस दुनिया को भूलना नहीं चाहती क्योंकि इसमें तुम भी तो रहते हो जिसके सहारे मैं इस तरफ रुख करना चाहूं तो कर तो पाऊंगी।

ना जाने कितने बरसों के जमा मेरे आँसू पिघल चुके थे। मेरी आँखों के सामने उस खिलखिलाते और हंसते चेहरे का अक्स बार-बार आ रहा था। जिसे हमारे बर्बर समाज ने रौंद डाला था। मैं सोच रहा था कि हम आज भी कितने बर्बर हैं।

28 मई 1998

3

साबित

थकी हारी सी सारिका अभी ऑफिस से आकर खड़ी ही हुई थी कि अस्पताल से फोन आ गया कि आपके पति राकेश की हालत ठीक नहीं है। सारिका का दिल कर रहा था कि वो इस बात को अनसुना कर एक दस मिनट की झपकी लेले। थकान से सारिका का पोर-पोर दुख रहा था। छः महीने भी तो हो गए थे इस रूटीन को निभाते-निभाते। रात भर राकेश के पास अस्पताल में रहना फिर आकर घर में सभी का नाशता-पानी लंच तैयार करके ऑफिस भागना। शाम को आकर फिर से घर के कामों में जुट जाना। और रात को राकेश के पास रुकने के लिए दस बजे तक अस्पताल पहुंचना। उस पर राकेश का ये ताना कि अब मिला है टाईम मेरे लिए इससे अच्छा तो आती ही नहीं...।

छः महीने पहले तक सब ठीक-ठाक ही चल रहा था। जैसा एक आम मध्यम वर्गीय परिवार में बहू का जीवन होता है। बहू ये नहीं किया, बहू वो नहीं किया, बहू अरे कभी तो कोई काम दिल से कर लिया करो, केशू की शादी क्या कर दी के समझो हमने तो फांसी लगा ली। वगैरह-वगैरह। इस जीवन को सहर्ष स्वीकार कर सारिका चुपचाप चल रही थी। राकेश ने सारिका से वादा जो लिया था कि वो अपने खानदान में प्रेमविवाह करने वाला पहला लड़का है और वो इस सोच को जड़ से खत्म कर देना चाहता है कि प्रेमविवाह करके आई बहुएं परंपराएं और जिम्मेदारियों नहीं निभा सकतीं। सारिका अगर अपनी बहू होने की जिम्मेदारियां निभाने में सफल रही तो वो समाज के सामने साबित कर पाएगा कि प्रेमविवाह करके आई बहू भी सर्वश्रेष्ठ होती हैं। इसलिए कभी अपनी जिम्मेदारियों से मुंह मत मोड़ना।

सारिका राकेश के प्यार में पागल थी तो उसे परिवार, जिम्मेदारियां ये सब शब्द सुनना बहुत अच्छा लगता था। उसे विश्वास भी था कि अगर राकेश साथ है तो परिवार की जिम्मेदारियां क्या। वो तो माऊंट एवरेस्ट की चढ़ाई पार कर लेगी। पर शादी के

पांच साल बाद उसे लगने लगा था कि माऊंट एवरेस्ट के तो वो दो चार चक्कर यूं ही लगा लेती।

सपने हक़ीक़त से कोसों दूर होते हैं। और जब वो हक़कीत बनते हैं तो फिर समझ आता है कि चांद की कविता करने वाला शायर कितना झूठा था। इस चांद पर तो एक सैंकण्ड ना रुका जाए। पर अब कोई चारा ना था। इस चांद को पा लेने के बाद उसकी उसी खुरदरी ज़मीन पर ही रहना था। सारिका चांद की उस खुरदरी ज़मीन पर बैठकर सोचती कि जब किसी से प्यार होता है तो बाकी लोग दुश्मन क्यों लगने लगते हैं। उसने अपने परिवार की भी परवाह नहीं की। भाई ने भी मौके का फायदा उठाया और कुल दस लाख रुपये सारिका के एकाऊंट में जमा कर दिए। सारिका ने सफाई मांगी भी नहीं पर भाई ने देते हुए कहा,

"हमारी मर्ज़ी से शादी करतीं तो बात कुछ और होती...अब तुम इसे दहेज समझो या प्रोप्रटी का हिस्सा। बस यही है...बाकी हमारे घर के दरवाज़े हमेशा तुम्हारे लिए खुले हैं। आओ रहो पर कभी लड़कर मत आना और कोई तीज-त्यौहार पर डिमांड मत करना।"

राकेश की मोहब्बत से लबालब सारिका के दिमाग़ और दिल को हर बात अच्छी लगती थी। पैसा...शादियों में लेन-देन इन सबके तो राकेश वैसे भी खिलाफ़ है। सारिका ने अपने भाई से बड़े ही गर्व से कहा था। भाई मुस्कुरा दिया था। और मन ही मन बोला...बहुत देखें ऐसे खिलाफ़ होने वाले।

जो भाई ने कह दिया उसके बीच सारिका के माता-पिता भी नहीं बोल सकते थे। सारिका को किसी से कोई शिकायत भी नहीं थी। क्योंकि उसे दुनिया का सबसे अनोखा प्यार मिल रहा था। और बहुत सारे सपनों की पोटली लेकर सारिका इस घर में आ गई।

मध्यम वर्गीय परिवार था। शुरु के एक सप्ताह तक तो सारिका को कुछ समझ ही नहीं आया कि वो अपने दिमाग़ और शरीर को

साथ लाई भी थी या वो इस घर की चौखट के पीछे रह गए हैं। उससे जो...जो कहता वो करती रहती। और रात को कभी सास के पास सोती तो कभी ननद के पास। राकेश कहां है? पूछ लिया तो सास और ननद ने तो ताने परोसने शुरु कर दिए...। सास ने सारिका को ताना देते हुए कहा...

"देखो बहू...हमारे घर में ये नहीं चलेगा कि तुम परिवार को पूछो ना और राकेश के पीछे...पीछे घूमती रहो। वैसे...हमारे घर के लड़को में इतना सहूर है कि बहू कितनी भी ख़ूबसूरत क्यों ना हो वो इतना नहीं रिझते की परिवार को छोड़कर उसके पल्लू से बंधे बैठे रहें।"

ननद ने कहा "अरे भाभी घबराओ मत भईया इतवार तक आ जाएगें। बड़ी जीजी के घर गए हैं। उनके सुसराल वालों को मनाने। तुमने लवमैरिज की है ना तो वो शादी में नही आए थे। अब उन्होंने संदेश भेजा है कि अपनी बेटी को ले जाओ।"

सारिका ये सुनकर परेशान हो गई पर उसे राकेश की बातें याद आईं।

"अरे कर लेगें सामना हर मुसीबत का हम साथ...साथ हैं।"

वो राकेश का कमरा देखकर मुस्कुरा पड़ी। अब यहीं उसका जीवन था। चारों तरफ निग़ाह घुमाई तो पता नहीं दीवारों पर सफेदी कैसी हुई थी कि जो पीछे का असली रंग था वो उस नई सफेदी के पीछे से झांकता हुआ दिखा। आज राकेश ने आना था इसलिए उसे आज राकेश के कमरे में भेज दिया गया था। सास ने कहा था,

"आज तैयार हो जाना। केशू आनेवाला है।"

सारिका ख़ुश थी। पर उसके देवर अंशित का मुंह बन गया था। उसे भाई का कमरा जो छोड़ना पड़ रहा था। कमरे से निकलते ही अंशित ने बड़े ही फिल्मी अंदाज़ में कहा...

“ख़ुश तो बहुत होगीं भाभी तुम”

सारिका मुस्कुरा दी। दरवाज़े के पीछे से पता चल रहा था कि राकेश तो आ गया है पर बड़ी जीजी नहीं आईं। राकेश ने नाक जो कटवा दी थी। लवमैरिज करके। जीजी ने साफ़-साफ मना कर दिया था....

“भईया मेरे सुसराल वालों ने मेरा मान रखा कि वो तुम्हारे लवमैरिज होने के बाद भी मुझे तुम्हारे साथ भेज रहें हैं। पर तुम्हारा भी तो कुछ हक़ बनता था। तुम्हारी सुसरालवाले मेरे सास-ससुर और इनके लिए दो जोड़ी कपड़े दे देते तो उनकी जायदाद में घाटा आ जाता क्या? अरे कौन पहनता है किसी का लिया-दिया बस मान की बात होती है। अब लवमैरिज करके लाओगे तो यही होगा ना।”

ये कहानी सुनाकर थका हारा सा राकेश अपने कमरे में आ गया। सारिका के आंसू रुक नहीं रहे थे। सारिका ने राकेश को दस लाख देने चाहे पर राकेश ने सारिका के पैसों को हाथ लगाने से साफ इंकार कर दिया। सारिका का हाथ अपने हाथ में लेकर कहा,

“सारिका तुम जीजी की बात दिल पर मत लगाओ। उनका परिवार पुराने ख़्यालों का है और शादी के बाद लड़की अपनी सुसराल की भाषा ही बोलती है और यही समझदार बहु के गुण भी हैं। जब गुस्सा शांत हो जाएगा तो खुद ही आ जाएगी। बस तुम कभी किसी को पलट के कुछ मत कहना। चाहे कोई कितना भी कुछ कहे। मैं चाहूंगा कि तुम भी मेरी जीजी से कुछ सीखो”

इतना कह कर राकेश करवट बदल कर सो गया। सजी-संवरी सी सारिका उसे काफी देर तक देखती रही फिर तकिए से सरक के अपनी कमर को बिस्तर से टिका दिया और कमरे की दीवारों को देखने लगी...सफेद...सफेदी के पीछे कौनसा रंग है देखने की कोशिश करते...करते उसकी आंख कब लग गई पता ही नहीं चला।

उसकी जिंदगी घर, ऑफिस, सास-ससुर, ननद, देवर और पति की जिम्मेदारियां निभाने में बीत रही थी। उसे काफी... काफी दिन हो जाते थे राकेश से बात किए उसके पास बैठे हुए। जिसके साथ जिसके सहारे आई थी उसका कहीं पता नहीं था। इस घर में सारिका साथ और प्यार ढूंढने की कोशिश कर रही थी। और लवमैरिज यानी प्यार की शादी में ये मिलना मुश्किल सा लग रहा था।

हर महीने ही सास एक दो दिन के लिए सारिका को मायके भेज देती। वो भी ख़ुशी...ख़ुशी चली जाती। चलते वक़्त भाई का बार बार समझाना की अपने घर वालों को ख़ुश रखना। हमें कोई शिकायत नहीं आनी चाहिए। सारिका को एहसास दिलाता कि उसकी इस घर में कोई जगह नहीं है। और जब अपने घर आती तो सास-ससुर और ननद का ताना मिलता।

"भई बड़े पक्के हैं तेरे मायके वाले। हमेशा ही तुझे खाली हाथ भेज देते हैं। केशू की शादी हमारी मर्ज़ी से हुई होती तो इतना सामान तो आ ही जाता कि छोटी की शादी के बारे में हमें सोचना ना पड़ता।"

राकेश चुपचाप सुनता रहता पर सारिका कुछ कहने को होती तो राकेश सारिका को चुप करा देता और अपनी मां का साथ देते हुए कहता

"वैसे अपनी बहन को कौन खाली हाथ भेजता है। ये तुम्हारा घर ही है अनोखा हमारे घर में तो ये परम्परा नहीं है।"

सारिका चुप रहती और दीवारों से उतरती सफेदी को देखने लगती। पता नहीं ये दीवारें उसे क्या बताने की कोशिश कर रहीं थीं। सारिका अपने मन को चुप कराती और जिम्मेदारियां निभाने के लिए जो घर दिया था राकेश ने उसे निभाने लगती। उसे साबित जो करना था कि प्रेमविवाह सर्वश्रेष्ठ होता है।

सारिका के लिए नौकरी के साथ घर के काम करने मुश्किल हो रहे थे। एक दिन सारिका ने हिम्मत करके राकेश से कहा

"अगर आप कहें तो मैं नौकरी छोड़ दूं"

प्यार से अपनी बाहों में समेटे हुए राकेश की बांहें जो उसके शरीर को सहला रही थीं वो झटक के दूर हो गईं।

"पागल हो क्या पच्चीस हजार रूपये कम नहीं होते हम जैसे परिवार के लिए। और अभी कितनी जिम्मेदारियां हैं जिन्हें पूरा करना है। तुम अमीर परिवार से आई हो हम मध्यम वर्गीय परिवार की परेशानियों को समझने में अभी तुम्हें टाईम लगेगा...। छोटी की शादी, अंशित की पढ़ाई है।"

वगैरह-वगैरह राकेश काफी देर तक सारिका को उसकी जिम्मेदारियां गिनवाता रहा। सारिका की नज़र दीवार पर आई सीलन पर जाकर रुक गई...। दीवार पसीज रही थी पता नहीं क्यों? शायद कहीं से कुछ टूट गया था। कितना कुछ कहना चाहती थी सारिका राकेश से कि मैं एक साथ घर और ऑफिस की जिम्मेदारियां नहीं संभाल पा रही। सारिका सोच रही थी अच्छा हुआ कि उसने बॉस को थप्पड़ मार के उसे गोटू हैल नहीं कहा। वो तो बहुत दिनों से सोचे बैठी थी कि वो बहुत प्राऊड से उसके मुंह पर नौकरी मारके आ जाएगी और राकेश कहेगा अच्छा हुआ तुमने बिल्कुल सही किया।

ऑफिस निकलते हुए सारिका सोच रही थी ठीक भी है। ऑफिस में थोड़ी राहत तो मिलती ही है। बॉस की गंदे कमेंट ख़ून का खूंट पीकर पहले भी पी रही थी अभी भी पी लेगी। सारिका की कंपनी बिल्डर्स कंपनी थी। उसका बॉस ख़ूबसूरत लड़कियां ही रखता था। जिससे एक पंथ दो काज होते रहें। पर दबाव किसी पर नहीं देता था। बस एक बार पूछता था। ना तो फिर ना...। सारिका को भी पूछा था। सारिका ने नौकरी छोड़नी की धमकी देदी थी। बॉस

समझदार था काम करने वाले लोगों की वो कदर करना जानता था। बॉस ने सॉरी कह दिया। सारिका की धमकी की भी इज़्जत रह गई और राकेश की डांट से भी बच गई। पर सारिका की ख़ूबसूरती उसके बिजनिस को और बढ़ा सकती थी तो बॉस को सारिका की ना अच्छी नहीं लगी और उसने उसे टीज़ करने का कोई मौका नहीं छोड़ा।

"अरे मेडम कहां से सिलवाती हैं आप इतने सैक्सी ब्लाउज... हमारी मेडम को भी उस टेलर का पता बता दो।"

सारिका जानती थी कि उसका मज़ाक उड़ाया जा रहा है। शादी के समय यानी पांच साल पहले जो फैशन था पट्टी वाले गले और कोहनी तक की बांहों का। वो ही ब्लाउज सारिका आज भी पहन रही थी। कभी हुआ ही नहीं कि उसने कोई नया कपड़ा खरीदने की सोची भी हो। एक बार कोशिश भी की थी तो काफी बवाल किया था राकेश ने। और उस पर बहुत खर्चीली है का टैग लगा दिया था। इस घटना के बाद उसने अपनी सारी इच्छाओं को दबा दिया था। इसके अलावा सारिका के पास कोई चारा भी तो नहीं था। उसने साबित जो करना था कि प्रेमविवाह भी सर्वश्रेष्ठ विवाह होता है।

राकेश को उसे हर महीने याद दिला देता था कि "क्या यार अपने बॉस से सैलरी बढ़ाने को कहो। पांच साल में उसने एक भी इन्क्रिमेंट नहीं दिया। तुम काम में अच्छी हो या...?"

सारिका की कार्यक्षमता पर बात आई तो सारिका ने राकेश को बताया कि "राकेश मेरी और डेज़ी...दोनों की सैलरी पच्चीस से शुरु हुई थी और आज भी पच्चीस ही है। जानते हो क्यों...जब भी मैं डेज़ी से कहती हूं कि यार अब तो इतने सालों में कुछ तो सैलरी बढ़नी चाहिए तो पता है वो हंस कर क्या कहती। हां तू आज बोल जितनी चाहे उतनी सैलरी हो जाएगी। वैसे भी बॉस हर महीने पूछ ही लेता है कि इज सारिका इंट्रेरस्टिड इन हाई इन्क्रीमेंट...। समझे राकेश इसका मतलब"

राकेश ने भोलू सा बनके पूछा

"तो इसमें क्या प्रोब्लम है। तुम कैपेबल नहीं हो क्या?"

ये सुनकर सारिका के तनबदन में आग लगना लाज़मी था।

"राकेश तुम समझना नहीं चाहते हो या हो ही इतने भोले..."

सारिका ने चिढ़कर कहा।

"पता है राकेश मेरा सो कॉल्ड बॉस हर आने वाली सुंदर लड़की के सामने यही कहता है कि फॉर यू एण्ड कंपनी ग्रोथ ट्रेवलिंग इज मस्ट, इफ यू हैव एनी प्रोब्लम सो प्लीज डोंट ज्वाइन। हर टूर के बाद एक इन्क्रीमेंट मिलता था और यही कारण था कि यहां आई हर लड़की की सैलरी हम दोनों से काफी...काफी ज्यादा है।"

राकेश को ये बकवास सा बहाना लगा और उसने सारिका की बात को हवा में उड़ाते हुए कहा

"यार कोई आदमी तब तक कुछ नहीं कर सकता जब तक लड़की वीलिंग न हो। तुम हो ना इसका एग्जाम्पल। कॉलेज में तुम पर कितने लड़के फ़िदा थे। पर तुमने कभी किसी को घास ही नहीं डाली। और जब तुम वीलिंग हुईं तो...सी यू आर विद मी...एण्ड आई नो यार, यू आर वैरी स्ट्रांग, सो डोंट वरी तुम्हारा बॉस तुम्हारा कुछ नहीं बिगाड़ पाएगा। एंड प्लीज़ यार इस मंहगाई के ज़माने में नौकरी छोड़ने की नहीं उससे सैलरी बढ़ाने की बात करो।"

और राकेश बिस्तर पर करवट बदल कर खर्राटें लेने लगता और सारिका दीवारों पर आई सीलन के कारण गिरती पपड़ी को देखती रहती।

थकने लगी थी सारिका घर और ऑफिस के माहौल से। पर किससे कहती और क्या कहती? हर औरत की तो यही कहानी थी।

सारिका ऑटो में बैठी...अपने आप से बातें करते-करते अस्पताल के गेट पर पंहुची तो गार्ड ने ऑटो गेट के बाहर ही रोक दिया।

सारिका का बहस करने का ना मूड था ना ताक़त। जबकि उसका दिल तो कर रहा था कि भाई ऑटो नहीं जाने दे रहे तो एक स्ट्रेचर ही मंगवा दो। थोड़ी देर आराम तो मिलेगा। सारिका को अपनी सोच पर हंसी आ गई।

सारिका ने अपने थके से क़दम राकेश के रुम की तरफ ये सोचते हुए बढ़ाए। अब क्या हुआ होगा? सुबह निकलते वक्त तो डाक्टर ने कहा था कि आप लोग इन्हें घर ले जाइए अब मुशिकल है इनका एक दो महीने से ज्यादा जी पाना। इनका शरीर अंदर से गल चुका है और अब ये गलता ही रहेगा पर घर वालों की ज़िद थी कि राकेश की देखभाल अस्पताल में रहकर ही अच्छी हो सकती है। जब डाक्टर ने राकेश की ये बीमारी डॉयग्नोज की थी तो सारिका को पहला ख़्याल यही आया कि हे भगवान ये बीमारी उसे क्यों नहीं हो गई। हो जाती तो उसे इस जीवन से मुक्ति तो मिलती और कुछ दिनों का बिस्तर पर आराम भी। ना ये चिंता होती कि ऑफिस जाकर बॉस की आंखों को अपने शरीर पर झेलना पड़ेगा और ना ही इस बात की चिंता रहती कि सुबह चार बजे उठकर पहले नहाओ फिर रसोई में जाकर मांजी का मंदिर साफ करो फिर चाय, नाशते, लंच की तैयारी और सारे काम हो जाएं तो बारी-बारी सास, ननद, ससुर के तानों को सिर झुका के सुनो।

"क्या भाभी...इतना समय हो गया आपको इस घर में आए हुए आप को अभी तक सब्जी बनानी भी नहीं आई।"

सास कहती

"अरे कभी तो भगवान के आगे भी दो मिनट बैठ जाया कर।"

देवर कहता,

"भाभी तुम तो मेरे कपड़े धोया ही मत करो। इतने गंदे कपड़े धोती हो कि पहनने का दिल ही ना करे।"

और सारिका के मुंह पर फेंक देता। सारिका उन कपडों को उलट-पलट कर देखती कि कहां से गंदे हैं पर उसे कुछ कहने की इजाज़त नहीं थी। क्योंकि राकेश का कहना था कि वो कुछ भी सह सकता है पर अपने परिवार के विरुद्ध एक बात भी नहीं सहेगा। क्या वो झूठ बोल रहे हैं। ऐसा हुआ होगा तभी तो बोल रहे हैं। मुद्दतें हो गई थीं सारिका को राकेश से बात किए हुए। उसके कंधे पर सिर रखे हुए। अब उनका संबन्ध भी तो पेट और शरीर तक ही रह गया था। सारिका अपने काम को दोबारा करती और फिर ससुरजी की डांट और ताने शुरू हो जाते कि "ठीक है कमाते हो...इसका मतलब ये नहीं है कि कुबेर का ख़ज़ाना लाते हो...ये दो-दो बार कपड़े धोना। इसमें साबुन-पानी खर्च नहीं होता क्या?"

जिंदगी ढूढने की कोशिश कर रही थी सारिका। एक हंसी नहीं तो एक मुस्कुराहट ही मिल जाए। गले से कोई न लगाए बस सिर पर कोई प्यार से हाथ ही फेर दे। पर अब तो सारिका ने ये भी सोचना छोड़ दिया था। वो अपने को एक मशीन के अलावा कुछ नहीं समझती थी। जो सुबह से चलती और रात तक आवाज़ों के साथ घूमती रहती। एक आशा थी कि एक बच्चा आ जाएगा तो उसके नन्हें स्पर्श से उसे नई जिंदगी मिल जाएगी। पर राकेश ने साफ-साफ मना कर दिया था कि अभी सोचना भी नहीं। अपने बच्चे के लिए। अपने बच्चे हो गए तो मैं शायद छोटी और अंशित की जिम्मेदारियों को अच्छे से निभा नहीं पाऊंगा। पर बच्चा पैदा ना करने का कारण राकेश अपनी मां से नहीं कह पाया। पर जब रिशतेदार कहते कि पोते की ख़ुशखबरी कब सुना रहे हो। ये कहते तो सास और छोटी सारिका की जन्मपत्री लेकर बैठ जाती। सास कहती

"पता नहीं कि कौनसे गुण लेकर आई हैं मेमसाहब।"

और छोटी तो दो क़दम आगे बढ़कर ताना देती

"अरे भाभी बहुत हो गई ऐश मेरी शादी से पहले कर लो गुड्डा पैदा। मैं भी अपने भतीजे को खिलाने का शौक़ पूरा कर जाऊं वरना मेरे जाने के बाद पैदा किया तो पता नहीं कैसा घर मिलता है फिर अपने भतीजे को खिलाने आ पाऊं या नहीं अब हर कोई अपनी बहू को इतनी छूट तो नहीं दे सकता ना जितनी तुम्हें हमारे घर में मिलती है।"

सारिका भी सोचती कि लड़का ही होना चाहिए। लड़कीयां तो कैसे-कैसे दुख उठातीं हैं। पर अपनी ननद को देखके लगता कि ये दुख लड़के-लड़की के नहीं। अपनी-अपनी किस्मत के होते हैं। दिल तो चाहता कि सारिका उसे कड़ा सा जवाब दे पर राकेश...वो जानती थी कि उसका एक जवाब राकेश और उसके रिशते में बहुत कड़वाहट ला देगा। वो बस सिर झुकाए सुनती और निकल लेती। पर उसकी ये हरक़त, बदतमीजी कहलाती और ऑफिस से आकर राकेश पानी बाद में पीता और डांटता पहले,

"मेरी मां बहन के साथ कुछ देर बैठ लोगी तो तुम्हारा स्टेटस कोई कम नहीं हो जाएगा सारिका।"

क्या कहती राकेश से कि एक बार मेरी जगह बैठकर तो देखो। पांच मिनट भी बैठ लिए तो एक और जिंदगी कुर्बान कर दूंगीं तुम पर...पर कह नहीं पाती। कुछ कामों में सारिका अपना ढीठपना कायम रखती थी और राकेश के लिए सारिका एक ढीठ औरत भी हो गई थी।

राकेश को काफी दिनों से बुखार रहने लगा था। सारिका ने उससे कई बार कहा भी था।

"देखो राकेश ये तीन महीनों से लगातार बुखार रहना ठीक नहीं है...तुम्हें मेरी क़सम प्लीज़ डाक्टर के पास चलो"

राकेश ने ताना देते हुए कहा

"घर के कामों से बचना चाहती हो क्या?"

सारिका उसकी शकल देखती रह गई। राकेश को खांसते-झींकते देखकर भी वो कुछ ना कह पाती और सारा घर सारिका के पीछे पड़ा रहता

“देखो तो इसको, इसे तो अपने पति की फिकर ही नहीं है। रोज हमारे मुंह पर रोटी के टुकड़े मार, सज-बन के ऑफिस चली जाती हैं मेडम जी...। ये नहीं कि कुछ दिन की छुट्टी लेके राकेश को डॉक्टर के पास ले जाए।”

राकेश सब सुनता पर कभी कहता नहीं कि वो तो ले जाना चाहती है पर मैं खुद नहीं जाना चाहता। आखिर इस बीमारी ने राकेश को अस्पताल पहुंचा ही दिया। डबल निमोनिया के साथ टीबी हो गई थी और सब कुछ इतना बढ़ चुका था कि राकेश की हड्डीयां गलने लगीं थीं। डाक्टर ने कहा था कि हमें नहीं लगता कि ये रिकवर कर पाएगें। निमोनिया बढ़ता जा रहा है। अब सारिका के कर्मों को कोसा जाने लगा था कि उसके कर्मो के कारण ही राकेश का शरीर गल रहा है।

सारिका के लिए एक काम और बढ़ गया था राकेश के पास रात को रुकना। उसका पति था तो ये उसी की ही जिम्मेदारी बनती थी। बाकी के घर में पड़े वो क्या रिश्ते थे पता नहीं। जब रात को राकेश के पास अस्पताल में रूक कर घर पहुंचती तो सारा घर ऐसे नाशते के लिए बिलबिला रहा होता कि सारिका को लगता अगर वो ना आती तो सारा घर भूख से तड़प-तड़प के मर ही गया होता। नाशता बनाने का काम तो छोटी भी कर ही सकती थी। पर कहती तो सारा घर उसके पीछ पड़ जाता। राकेश के पास हाल चाल पूछने के लिए तो नहीं शिकायत करने के लिए फोन जरुर चला जाता। पर अब कुछ भी हो सारिका आज अस्पताल से सोच कर ही घर आई थी कि वो अंशित को राकेश के पास अस्पताल में रात को रुकने को कहेगी। वैसे सभी को अस्पताल में बारी-बारी रूकना चाहिए जिससे उस पर काम का इतना भार

न पड़े। फटाफट काम करते हुए भी सारिका को सुबह के नौ बज गए थे। ऑफिस को देर हो रही थी। और आज सारिका ने घर में बात भी करनी थी। पर ये सही वक्त नहीं था ऐसी बात करने का। शाम पर बात छोड़कर सारिका जल्दी-जल्दी उल्टा-सीधा तैयार होकर आफिस के लिए भागी।

शाम को रसोई में काम करते-करते सारिका ने अंशित से कहा,

"भईया आज तुम अस्पताल में रूक जाओगे अपने भाई के पास"

अंशित को पानी पीते हुए फंदा लग गया और उधर से मां का कलेजा चिल्लाया,

"अरे क्या हुआ किसने मेरे बेटे को गाली दी"

अंशित रसोई में ही पानी का गिलास फेंककर अपनी मां की तरफ ऐसे रोते हुए भागा कि पता नहीं सारिका ने उससे क्या मांग लिया हो...

"मां...देखो तो भाभी क्या कह रहीं हैं...कि मैं अस्पताल में भईया के पास रूक जाऊं"

बस इतना कहना था कि सास की तो सारी उल्टी सारिका पर

"अरी मेरे एक बेटे को तो तूने किसी लायक छोड़ा नहीं दूसरे को भी अस्पताल में भर्ती कराने का ईरादा है क्या? तुझे पता नहीं है...इसे दवाईयों से कितनी एलर्जी है और राकेश तेरा पति है। तुझे उसकी सेवा करनी चाहिए और तू है कि उसे बला समझ कर टाल रही है।"

पूरा घर सारिका के पीछे पड़ गया था और सारिका का खाना उसे देखता रहा पर वो उसे उठा नहीं पाई। अपना बैग उठाया और अस्पताल की और चल पड़ी। उस वक्त रात के दस बज रहे थे एक और डांट के लिए उसे तैयार रहना था क्योंकि राकेश उससे ये नहीं पूछेगा कि वो लेट क्यों हुई वो डांटेगा कि पता नहीं कहां से आ रही है जो इतनी देर कर दी...।

जब सारिका राकेश के पास पंहुची तो उसके शरीर का अंग-अंग दुख रहा था...वो नर्स से एक डिस्प्रिन लेना चाहती थी पर नर्स उसे देखकर चिल्लाई

"आपको अपने पेंशट की फिक्र है कि या यूंही छोड़ दिया उसे ला के"

हमेशा की तरह चुप थी सारिका और राकेश की आंखे उसे घूर रहीं थीं। ज़रा भी शक्ति होती राकेश में तो उसने सारिका को दस बातें सुना दी होतीं। वो चुप था छः महीने से लगभग चुप ही था। पर उसकी आंखे काफी थीं सारिका के लिए...। नर्स ने दवाईयों की लिस्ट दी और हेडमास्टर की तर्ज़ पर कहा

"ये दवाईयां हैं...डॉक्टर ने कहा इन दवाईयों से आपके पेंशट को फर्क पड़ सकता है। विदेश से मंगवानी पड़ेगीं ये दवाईयां। क़रीबन छ लाख का खर्चा आएगा। जाओ 25प्रसेंट नीचे जमा करा दो जिससे हम पेशंट का ट्रीटमेंट शुरु कर सकें।"

सारिका वहीं खड़ी की खड़ी रह गई। पैसे थे कहां उसके पास, कहने को कमाती थी पर रोज़ के बस के किराए के अलावा राकेश ने कभी कुछ दिया ही नहीं। राकेश का कहना था

"यार तुम्हे पैसों की जरूरत है ही क्या? बसस्टॉप तक मैं छोड़ ही देता हूं और आते वक्त भी मैं बसस्टॉप से ले लेता हूं और खाने-पीने का शौक तुम्हें वैसे भी नहीं है।"

ऑफिस के किसी भी काम के लिए गेट टू गेदर होता तो सबसे पहले सारिका बहाने बनाने वालों में से होती।

"सॉरी यार मैं तो आ ही नहीं पाऊंगी। घर में फंक्शन है या वगैरह-वगैरह। एक बार सारिका की भतीजी ने उसे याद दिलाया के उसने उसके 15वें जन्मदिन पर घड़ी देने का वायदा किया था। सारिका को अपना वायदा याद था। जब ये बात उसने राकेश को बताई कि उसने अपनी भतीजी रानो को उसके 15वीं सालगिरह पर

घड़ी देने का वादा किया था तो राकेश ने तपाक् से कहा वाह क्या सुसराल वाले हैं कभी हाथ पर छदाम भी नहीं रखा और यहां से मांगकर चीज़ें ले रहे हैं।"

सारिका ने थोड़ा सा दवाब देकर कहा

"राकेश मैंने ये वादा उससे शादी से पहले किया था कि जब वो दसवीं में आएगी तो मैं उसे घड़ी दूंगीं।"

राकेश ने मुंह ही मुंह में कहा

"तो शादी से पहले ही पूरा करना चाहिए था।"

खैर जाते-जाते राकेश ने कहा

"शाम को ले आऊंगा तुम्हारी रानो की घड़ी।"

सारिका मुस्कुरा दी। ये मुस्कान उसकी इज्ज़त बचाने की मुस्कान थी। सारिका राकेश को याद कराना चाहती थी कि टाईटिन या टाइमक्स की ही लाना पर वो नहीं चाहती थी कि राकेश का और मूड बिगड़े। वैसे भी सारिका ने देखा था कि राकेश की पंसद बढ़िया है। वो अपनों को बढ़िया चीज़ ही देता है। शाम को जब राकेश ने घड़ी सारिका के हाथ पर रखी तो सारिका के मुंह से निकला

"ये क्या है राकेश?"

तो राकेश ने बड़े ही तंज से कहा

"चश्मा लग गया है क्या? दिख नहीं रहा घड़ी है"

सारिका ने थोड़ा ज़ोर देकर कहा

"ये 35 रूपये की घड़ी...मैं उसको दूंगी?"

"तुम्हारे घरवालों ने तो 35 पैसे की भी घड़ी मुझे नहीं दी थी।"

राकेश का ये जवाब सुनकर सारिका चुप नहीं रह सकी,

“राकेश मेरे घरवाले नाराज़ थे और मेरे घरवालों ने मेरी सारी जमापूंजी करीबन दस लाख रूपये दिए थे जो हमारे ज्वाईंट एकाऊंट में तुमने जमा किए हैं।”

राकेश एकदम भड़क उठा...

“कोई एहसान नहीं किया उन्होंने, तुम्हारा पति होने के नाते मेरा अधिकार है उन पैसों पर और ज्यादा अकड़ है तो ले लो अपने पैसे...एकाउंट में ही पड़ें है मैं कोई खा नहीं गया हूं।”

राकेश के साथ सारिका का एकाऊंट ज्वाइंट जरूर था पर उसकी पासबुक और चैकबुक आज तक उसने देखी भी नहीं थी। सब कुछ मां के पास रहता था। राकेश ने अपनी और भड़ास निकाली

“और जहां तक शादी को एक्सेप्ट करने की बात थी तो मेरे घर वाले भी खुश नहीं थे। पर अपने बेटे की खुशी के लिए उन्होंने तुम्हें सिर माथे पर रखा।”

सारिका ये डायलॉग सुन कर हंसना चाहती थी। पर चुप ही रही क्योंकि जानती थी कुछ नहीं होना। सारिका ने अपने वर्तमान और भविष्य के बारे में सोचना ही छोड़ दिया था। बस रोज ही वो सड़क पर चलते हुए यही सोचती थी कि कोई गाड़ी ऐसी हो जो उसे मार के चली जाए। ये कल्पना उसको अंदर तक सुकून की एक मुस्कुराहट दे जाती पर रात को उसको सपना आता की एक्सिडेंट के बाद उसके हाथ पैर टूट गए हैं। राकेश ने उसे मंदिर के पास बैठा दिया है कि किसी काम की नहीं रह गई है। यहां पैसा भी मिलेगा और बिना काम किए खाने को भी। मंदिर से आते-जाते उसे भीख मिले पैसे, कभी राकेश, तो कभी छोटी तो कभी अंशित उठाकर ले जाते। सारिका को ऐसा सपना अक्सर आता था तो वो कभी हंस पड़ती तो कभी डर जाती कि वास्तव में ऐसा हो गया तो जो जिंदगी है उससे भी ज़्यादा नरक़ हो जाएगी। और वो सड़क पर संभल कर चलने लगती।

राकेश ने चलते-चलते कहा

"और मुझे बर्डे-षर्डे में ले जाने की जिद मत करने लगना समझी।"

वैसे ये तो सारिका भी चाहती थी क्योंकि राकेश सारिका के किसी भी रिशतेदार के यहां पहले तो जाता ही नहीं था। अगर जाता भी था तो मुंह फुला के बैठा रहता था और अगर बोलता भी था तो कोई ताना ही उसके मुंह से निकलता था और बहुत दिन तक सारिका को सुनने को मिलता

"साले बेफकूफ हैं, जमाईयों की इज़्ज़त ही नहीं करनी आती। अब से जाने को मत कह देना और तुम भी न जाओ तो कृपा होगी।"

सारिका कहना चाहती

"अपने रिश्तेदारों के घर तो चुहिया का भी बर्थडे या शादी होती है तो जाना ही है" और सास जाते-जाते ताना देती कि पता नहीं कब सहूर आएगा इसको पहनने का, पता नहीं कैसे तैयार होती अपने कुनबे की तो लगती ही नहीं है।

तो ननद बात पूरी करती

"मां वैसे भी भाभी है भी कहां अपने कुनबे की।"

और दोनों खी-खी करके हंसने लगतीं। और राकेश सारिका को टेढ़ी निगाहों से देख जाता।

सारिका उस घर की दीवारों को फिर निहारने लगती थी। दीवारें अपना असली रंग चाह कर भी छिपा नहीं पा रहीं थीं। अंदर का रंग साफ साफ दिखने लग था।

सारिका की सुई अपनी भतीजी को घड़ी देने पर अटकी हुई थी। और उसने अपने पर्स और अलमारी का एक-एक कोना छान लिया

पर उसे एक पैसा भी अपने पास नहीं मिला। सारिका अपनी इस हालत पर रो पड़ी। कॉलेज टाईम की बात है राकेश के पास अपनी फ़ीस जमा कराने के पैसे नहीं थे। तब पांच हजार रूपये सारिका ने उसके हाथ में रखे तो वो हैरानी से देखता रह गया

"अरे तुम्हारे पास इतने पैसे कहां से आए?"

"मुझे एमरजेंसी में जब भी पैसों की जरूरत होती है तो अपनी अलमारी के कपड़े झाड़ लेती हूं इतने तो ऐसे ही निकल आते हैं।" सारिका ने राकेश से हंसते हुए कहा।

पर उस दिन सारिका को अपने कपड़ो में से एक रूपया भी नहीं मिला। मिलता भी कैसे?

संडे का दिन था। राकेश का घर पर आराम करने का दिन था। राकेश अपनी मां की गोद में पड़ा लाड़ करता-करवाता। और सारिका किचन में खड़ी-खड़ी सारा दिन पूछती रहती कि क्या बनाऊं और अब क्या बनाऊं? पूरा परिवार इकट्ठा होकर हंसता-बोलता और सारिका किचन में खड़ी-खड़ी कभी खाने को बनाती और कभी अगले आर्डर का इंतजार करती हुई ऊंघती। इस बीच किचन में घर का कोई भी सदस्य आ जाता तो कमरे के अंदर जाकर सारिका का मज़ाक उड़ता।

"जाकर देखो की भाभी कैसे ऊंघ रही है"

और सास देख लेती तो ताना देकर जाती

"पता नहीं कितना सोती है"

राकेश ने उस दिन खाने को कुछ ज्यादा न बनवाकर कहा

"यार तुम आज घर का समान ले आओ"

राकेश को पता था कि बहुत समान होता है और अकेले लाना आसान नहीं होता। सारिका के एक्सप्रेशन को समझते हुए उसने कहा

“अरे आते हुए रिक्शा कर लेना। नीचे से मैं ले आऊंगा ऊपर”

जानती थी सारिका जब वो लौटेगी तब तक राकेश सो चुका होगा और समान उसे ही इतनी सारी सीढ़ियों पर चढ़ाना पड़ेगा। अंशित और छोटी 22–24 साल के होके भी छोटे ही थे। बहस करनी बेकार थी इसलिए सारिका ने थैला उठाया और घर का समान लेने चली गई। चलते-चलते राकेश ने कहा

“फोन छोड़ जाना वहां कहां संभाले फिरोगी”

राकेश को लगता था कि सारिका का बिल इसलिए ज़्यादा आता है कि वो बाहर निकलते ही अपने घर वालों और सहेलियों से बातें करने लगती है। पर कई बार समझाने के बाद भी कि राकेश फोन तब बिजी होता है जब अंशित या छोटी के हाथ में होता है पर राकेश को लगता कि वो उन पर इल्ज़ाम लगा रही है और अब सारिका राकेश की नज़रों में झूठी भी हो गई थी।

सारिका हर समान बहुत ही समझदारी से खरीद रही थी। दालें, चावल, मसालों के अलावा ससुर जी का मसाज तेल, सास के सिर का तेल, लगातीं थीं नवरत्न पर हमेशा ऊबलती रहतीं थीं। अंशित के हैल्दी ड्रिंक्स, छोटी की क्रीम और सारिका के लिए कुछ नहीं। सारा समान इकट्ठा कर जब बिल देने के लिए पर्स से पैसे निकाले तो देखा एक हजार रूपये का नोट कम था। सारिका को तो जैसे दौरा पड़ गया। वो तो पागलों की तरह पर्स खखोड़ने लगी। हर उस जगह पर गई। जहां के शैल्वस से उसने समान लिया था। शैल्वस के नीचे हाथ डाल-डाल कर देखा पर चूहों के फैलाए गंद के अलावा उसे कुछ नहीं मिला। सारिका का गला सूख गया। उसने अपने रोने पर कंट्रोल किया वरना वो तो एक असहाय बच्चे की तरह फूट-फूट कर रोने लगती। दो घंटे की कोशिशों के बावजूद सौ भगवानजीयों को याद करने के बाद भी वो नोट नहीं मिला। सारिका का दिल बैठ रहा था और अब उसका दिल चाह रहा था कि वो आज तो पक्का किसी गाड़ी के नीचे आ जाए। पर

ऐसा नहीं हुआ। वो सही सलामत घर पहुंच गई। राकेश ने दरवाज़े पर इस ताने से स्वागत किया

“स्टोर गईं थीं या फैक्टरी चली गई थीं।”

फिर बाहर झांकते हुए बोला

“समान ऊपर ले आई हो या मुझे जाना पड़ेगा नीचे।”

सारिका को समझ नहीं आ रहा था कि वो क्या कहे पर बताना तो था ही उसने अपनी सारी हिम्मत बटोर कर कहा

“राकेश पता नहीं हजार रूपये कहां गिर गए।”

“मतलब?”

राकेश आगबबूला हो गया

“यार तुम एक जरा सा नोट भी नहीं संभाल सकतीं।”

सासुजी ने सुर मिलाते हुआ कहा

“अरे ढूंढा भी या यूं ही हाथ झाड़ते हुए पधार गईं महारानी जी।”

राकेश फिर चिल्लाया

“सच्ची तुम तो कोई रिसपोंसबलिंटी देने लायक ही नहीं हो।”

वापिस से सारे रास्तो में और स्टोर में वो नोट ढूंढा गया। पर उसे नहीं मिलना था तो नहीं मिला। सारिका सोच रही थी कि मैं खुद क्यों न कहीं खो गई। और सास ने भी यही कहा कि

“खुद भी खो जातीं खुद तो सही सलामत आ गईं।”

उस पूरे हफ्ते राकेश ने सारिका से बात नहीं की और वो अपनी मां के पास ही सोया और अब राकेश के लिए सारिका एक लापरवाह और गैर-जिम्मेदार औरत भी थी।

आज तक सारिका लापरवाह होने का ताना लेकर सोती है। राकेश का विशवास सारिका पर से पूरी तरह से उठ चुका था। सारिका उस पूरे हफ्ते सोचती रही थी कि क्यों, क्या देखा था उसने राकेश में कितनी बड़ी-बड़ी वूमेन एम्पावर की बातें करता था। औरतों की रिस्पेक्ट पर घंटो भाषण देता था। कितनी इम्प्रेस थी सारिका उससे। सारिका को प्रपोज़ करते हुए राकेश ने सारिका का हाथ अपने हाथों में लेकर कहा था

"किसी और चीज़ का तो मैं वायदा नहीं करता सरू...पर ये मैं तुम्हारी क़सम खाकर वायदा करता हूं कि तुम्हें खुश सारी जिंदगी रखूंगा।"

और तब सारिका उस क़सम के ऊपर मरी थी और शादी के बाद उस झूठी क़सम के कारण तिल....तिल...उसकी इंद्रियां मर रहीं थीं। उसे यही लगता था कि वो जिंदा नहीं है।

एक दिन शाम को किचन मैं आटे के डब्बे के नीचे सफाई करने के लिए जैसे ही उसने डब्बा उठाया तो वो बैठी की बैठी रह गई। वो हजार का नोट वहां पड़ा था और सारिका खुशी से चिल्लाने ही वाली थी कि देखो हजार का नोट...मैं लापरवाह नहीं हूं। पर मन ने झिड़कते हुए कहा, पड़ गई गालियां जितनी पड़नी थीं अब कोई शाबासी नहीं मिलेगी फिर वही ताने, झिड़कीयां शुरू हो जाएंगी। सारिका ने हजार का नोट घबराते हुए उठाया। वो कांप रही थी जैसे चोरी कर रही हो। वो इधर-उधर पैसे रखने का रिस्क नहीं लेना चाहती थी। उसने नोट वहां रखा जहां आज तक औरतों को रखते हुए देखा तो कई बार था पर कभी रखा नहीं था। इससे ज्यादा सुरक्षित जगह कोई हो भी नहीं सकती थी। ये भी अच्छा था कि राकेश आजकल अपनी मां के पास ही सो रहा था। मन में ये डर भी पैदा हुआ कि कहीं आज राकेश अपना इतने दिनों का कोटा पूरा करने के लिए आ गया तो बेशक के माँ सब कुछ दे सकती है पर उसके शरीर को शांति तो पत्नी से ही मिलेगी। वो अपना ये नोट

कहां छिपाएगी। तभी उसे याद आया कि राकेश को उसकी डेट याद है तो मां क़सम भी देगी तो वो ऊपर नहीं आएगा। आज रात वो इस नोट के साथ बिताना चाहती थी। सारे काम करके जब सारिका राकेश की तरफ देखती हुई। अपने छत वाले कमरे में जाने लगी तो सास ने हंसते हुए बोला,

"जा बेटा जा...अपने कमरे में जा ऐसा नहीं करते तुझे मेरी क़सम"

राकेश एकदम तमतमा गया

"मां अभी ये क़सम वापिस लो मैं आज तो जाऊंगा नहीं"

सारिका मन ही मन मुस्कुरा दी क्योंकि वो जानती थी कि राकेश आज तो ऊपर आएगा ही नहीं। तो उसने सोचा होगा फायदा भी क्या है। उस शरीर के पास जाने का। जाओ भी और कुछ फायदा भी न हो तो वो वहीं करवट बदल के लेट गया। और सारिका की सास उसे सहला के अपनी क़सम वापिस लेती रही। सारिका कमरे में पंहुच के खुश थी। बहुत दिनों बाद हजार का नोट उसके हाथ में आया था। उसने अपनी कल्पनाओं में अपने सारे शौकों की लिस्ट बनानी शुरू कर दी पर उसने देखा उसके इन पांच सालो में ना शौक बचे थे और ना ही कुछ सपने, चिकन की शौकीन सारिका ने बार-बार अपने मुंह में चिकन का स्वाद लाने की कोशिश की पर स्वाद ही नहीं आया। वो हताश होकर लेट गई कि क्या करूंगी इस एक हजार के नोट का। राकेश सही कहता है कि जितनी जरूरतें बढाओगे तो कराडों भी कम लगेगें। जरूरतें नहीं होगीं तो एक हजार रूपये भी पूरे खर्च नहीं हो पाएगे। अब यही हाल हो गया था सारिका का। हां ब्रा-पेंटी की सख़्त जरूरत है। पर इन पैसों से ले भी लिए तो क्या कहूंगी राकेश से की कहां से आई ये चीज़ें? उससे छुपा भी नहीं सकती। सोचते-सोचते सारिका की आंख लग गई और वो सपना देख रही थी कि कि सारा कुनबा उसके चारों ओर खड़ा है और राकेश हजार का नोट

हाथ में लिए उससे कह रहा है। तुमने चोरी की...तुम चोर हो और सारिका हड़बड़ा के उठ गई। सपने सच नहीं होते कितना अच्छा है ना। इस बात पर सारिका ने भगवान जी को धन्यावाद दिया और घर के सारे काम निबटा कर वो ऑफिस निकल गई। आफिस पंहुचते ही सारिका की भतीजी का फोन आ गया।

“बुआ ना देतीं गिफ्ट पर मेरे बर्थ डे पर आ तो जातीं।”

ताना सुनते ही सारिका के तनबदन में आग लग गई। उसने उसे डपटते हुए कहा

“बेटा ये कौनसा तरीका हुआ बुआ से बात करने का, हो सकता है बुआ बीमार हो या कोई जरूरी काम में बिजी हो। तुम ये भी तो पूछ सकती थीं कि बुआ क्या हुआ क्यों नहीं आईं? आप ठीक तो हैं? खैर, अपने ऑफिस के लंच टाईम पर सिर्फ एक घंटे के लिए निकलूगीं और तेरा गिफ्ट मैंने ले लिया है”

सारिका की आवाज़ में आत्मविशवास था क्योंकि अब उसे समझ आ गया था कि ये पैसे क्यों खोए थे और तय क्रम के अनुसार सारिका वो भी ऑटो में जाकर अपनी भतीजी को टाईमक्स की आठ सौ की घड़ी देके आई और रिटर्न गिफ्ट में वायदा लेकर आई कि वो कभी तानों के साथ बात नहीं करेगी। सारिका आज अंदर से बहुत खुश थी और भगवान को बार-बार शुक्रिया अदा कर रही थी।

दवाइयों का पर्चा लेकर राकेश की ओर देखते हुए सारिका ये सोचते हुए निकल गई कि मुझे तो इस इंसान ने ये भी नहीं बताया कि इसने कुछ इन्वेस्टमेंट कर भी रखीं हैं या नहीं। सारे पैसे तो छोटी की शादी और अंशित की एजुकेशन के लिए मां को दे दिए जाते थे। सारिका ने वापिस ऑटो किया और घर आने से थोड़ी दूरी पर रोक दिया। वरना पैसे वेस्ट करने का एक और तमगा उस पर लग जाता।

घर के सब लोग सारिका को देख रहे थे कि वो ऐसे वापिस कैसे आ गई? उसे पैसे जमा कराके दवाई शुरू करवा के ही आना चाहिए था। और वो दो बार कह चुकी थी कि मेरे पास कहां से आए पैसे? राकेश और मेरा ज्वाइंट एकाउंट है। मम्मी के पास चैकबुक है दे दो। मैं बैंक से पैसे ले आती हूं। सास ने चैक बुक और पासबुक सब देने से इंकार कर दिया कि उस पर तेरा कोई हक़ नहीं है। इस वक्त सारिका कमज़ोर नहीं पड़ना चाहती थी। राकेश की जिंदगी का सवाल था। वो सास के कमरे में घुस गई और अंदर से दरवाजा बंद कर लिया। सारिका का सारा शरीर कांप रहा था। उसे कभी ऐसा भी करना पडेगा उसने सोचा नहीं था। राकेश का ऑर्गनाइज तरीके से सब चीजें रखने के कारण सारिका को ज्यादा मुशकिल नहीं हुई। बाहर से दरवाजे पीटे जा रहे थे। सास बेहोश हो-हो कर होश में आ रही थी। सारिका अपने सामने रखे काग़जो पर अपना नाम ढूंढने की कोशिश कर रही थी पर सब कुछ सास या ससुर के नाम पर था। सारिका और राकेश के ज्वाइंट एकांउट में कुल सात हजार रूपये पड़े थे। बाकी पी.पी.एफ, एम.आई.एस. और बहुत सारी पॉलिसियों में पैसे थे। नौ लाख तो पी.पी.एफ. में ही थे। उसका आधा भी निकाल लिया तो राकेश की जान बचाई जा सकती है। सारिका सारे पेपर लेकर बाहर आई। सास ने अपनी बद्दुओं का सारा एकाउंट उस पर न्यौछावर कर दिया। सारिका ने पहली बार अपने ससुर से बात की। इन पांच सालों में सिर्फ चाय खाना पूछने के अलावा उसने कभी कोई बात ही नहीं की थी।

"पापा दो एम.आई.एस. भी तोड दीं तो इनका इलाज शुरू हो सकता है" पर उस ससुर रूपी पंगु इंसान ने कहा कि अपनी सास से पूछो इसमें मैं कुछ नहीं कर सकता हूं...इसमें इसका ही सारा पैसा है या छोटी और अंशित का है।"

सारिका हैरान थी कि इनका पैसा कैसे हुआ? कमाया उसने और राकेश ने है। नाम इनके कर दिया तो इनका पैसा हो गया।

सारिका सोच ही रही थी कि सास ने एकदम झपटा मार के वो सारी फाइलें अपने कब्ज़े में कर लीं और चिल्लाने लगी।

"मेरे केशू को तो खा ही रही है। अब मेरी छोटी और अंशित का भविष्य भी खा जाएगी। दोनों पति-पत्नी तो इतने सयाने निकले हैं कि सारी कमाई कहां कर देते हैं पता ही नहीं और हमारी जमापूंजी पर भी नज़र है।"

सास फाइलों को बक्से में रख ताला लगाते हुए फिर भड़की

"मैं एक पैसा भी इसमें से खराब नहीं करने वाली...तू अपने घर से ले के आ। केशू उनका भी कुछ लगता है या नहीं। या कहीं से भी ला मैं अपने बच्चों का एक पैसा भी हाथ नहीं लगाने दूगीं।"

सारिका अपने गुस्से को काबू नहीं रख पाई वो चिल्ला पड़ी

"मांजी मुझे लगता नहीं है कि राकेश आपके अपने बेटे हैं... होते तो आज ये पैसे उनके इलाज के लिए दे देतीं"

सास चिल्लाती रही और बुड़बुड़ाती रही। उस रात सारिका अस्पताल नहीं गई ना ही उसने खाना बनाया। अपने कमरे में आकर सारिका सोचने लगी कि वो क्या करे? किससे मांगे जाकर पैसे। और किसी ने थोड़े बहुत पैसे दे भी दिए तो वो वापिस कैसे करेगी? सोचते-सोचते उसे याद आया नीचे कुरियर वाले ने उसे एक लैटर दिया था। बैग से वो लैटर निकाल कर पड़ा तो उसका एक अच्छी कंपनी का एपायंटमैंट लैटर था। बहुत दिन बाद सारिका मुस्कुराई थी। इस कंपनी और ऐसी पोस्ट के लिए सारिका कितने दिनों से मेहनत कर रही थी। सारिका ने अपना एपाईंटमेंट लैटर पर्स में रखा और ईलाज के पैसे कहां से लाए सोचने लगी। उसके पास तो ना कोई सोना था ना चांदी। सोचते...सोचते सारिका की आंख लग...गई। आंख खुली तो सुबह के आठ बज चुके थे। सारिका फटाफट तैयार होकर नीचे आई और किचन की ओर जाने लगी तो सास चिल्लाई

“इससे कह दो कि कोई जरूरत नहीं है किचन में जाने की।”

छोटी ने कहा

“हां भाभी आप बाहर ही रहो जब तक भईया नहीं आ जाते हम तो जैसे-तैसे गुजारा कर ही लेगें।”

एक पुराना सा पीतल का स्टोव और बर्तनों की और ईशारा करते हुए कहा

“आप अब अपना खाना ऊपर ही बना लिया करना फिर भईया आ जाएगें तो देखगें कि क्या करना है।”

सारिका हक्की-बक्की होकर दोनों को देख रही थी तभी ससुर जी ने आवाज दी “अरे बहुत दिन हो गए तुम्हारे हाथ की कचौड़ी खाए हुए, आज हो जाए।”

सारिका हैरान थी उन सबको को देख कर। तभी ससुरजी ने कहा

“बहू आज तुम्हें अस्पताल जाने की जरूरत नहीं है राकेश का रात को फोन आया था तो उसे तेरी सास ने सारी बात बता दी। उसी ने ही सलाह दी है कि तुम अपने ऑफिस से अपने प्राविडेंट फंड के पैसे निकाल लो। पांच साल से कमा रही हो इतने तो जमा हो ही गए होगें। ना हों तो कुछ महीने की एडवांस सैलरी उठा लो।”

सारिका अपने ससुर और राकेश के प्रैक्टिकल व्यवहार से अंदर तक जल उठी। पर कोई चारा नहीं था। सारिका ने ये काम करने की भी सोच ली। अगर ये एडवांस मिल गया तो वो नई जॉब ज्वाइन नहीं कर पाएगी। आज ऑफिस में सारिका को इतनी जल्दी आया देख सब हैरान थे। सारिका ने डेज़ी से कहा

“डेजी बॉस ने कब आना है मुझे कुछ बात करनी थी।”

डेज़ी ने हैरानी से पूछा

“अरे क्या हुआ? लगता है बॉस के तो भाग खुल गए।”

सारिका यूं तो मजाक के मूड में तो कभी भी नहीं होती थी पर एक पूरे ऑफिस में डेजी से ही तो पटती थी।

सारिका ने लाग लपेट न करते हुए कहा "यार मुझे एडवांस चाहिए, प्रोविडेंट फंड से और एडवांस सैलरी भी मिल जाए तो बहुत सारा प्रोब्लम खत्म हो जाए।"

डेजी सारिका की सारी स्थिति जानती थी। तो उसने कहा

"ठीक है मैं बात करवाती हूं बॉस से पॉजीटिवली। ओके बट डू मी आ फेवर ये बेचारा लड़का बहुत देर से बैठा है इससे एक एकांउट खुलवा ले सारिका"

सारिका ने लगभग चीखते हुए कहा "पागल हो डेज़ी मैं कहां से दूगीं दो हजार रूपये। और उधार भी लिया तो कहां से वापिस करुंगी एक घर रहने को है वहां से भी निकलवाओगी क्या?"

डेज़ी ने हंसते हुए कहा "आए विल पे डोंट वरी"

"पर डियर मैं तुम्हें वापिस कहां से करूगी"

डेजी ने सारिका की ठोडी हिलाते हुए कहा

"मैं तुमसे ले लूंगी डोंट वरी पर मेरी खातिर ये एकांउट खुलवा लो इस बेचारे का भला हो जाएगा। एंड जिस दिन उस जहन्नुम जिसे तुम घर कहती हो निकलो तो प्लीज़ मेरे घर आ जाना एंड आई मेंट इट।'"

सारिका हंस पड़ी। पर उसने कुछ जवाब नहीं दिया। जिन बातों ने होना ही ना हो उन पर प्रतिक्रिया देने का का क्या फायदा।

शाम तक बॉस ने सारिका को मिलने का एपांयमेंट नहीं दिया तो सारिका छटपटाने लगी

"वॉट इज दिस डेज़ी"

सारिका ने उसके डेस्क पर आकर कहा। तभी इंटरकॉम बजा और डेज़ी ने मुस्कुरा के कहा

"बॉस इज कॉलिगं यू। लगता है तुम्हारा सही टाईम शुरू हो गया।"

सारिका डेजी को देख कर आए विल किल यू का ईशारा करके। बॉस का दरवाजा नॉक किया।

"कम मिस......"

बॉस हर लडकी को मिस ही कहता था।

"हैव आ सीट, टेल मी...वाय डू यू वांट योर प्रांविडेंट।"

"आय नीड इट"

सारिका ने बहुत ही धीमी आवाज में जवाब दिया और इस जवाब पर बॉस ने कहा, "वही तो जानना चाहता हूं वॉय"

सारिका चुप रही। बॉस ने थोड़ी देर देखा फिर कहा "सेवन लेख्स...यू नीड सेवन लेख्स...ये मैं तुम्हें ऐसे ही दे सकता हूं वॉय आर यू ड्रॉऊगिं योअर प्रोविडेंट फंड। मेरे साथ 15 दिन के टूर पर चलो। इंटरनेशनल टूर है। क्लाइंट खुश तो मैं खुश और फिर पैसा कोई बड़ी चीज नहीं हैं।"

सारिका अब खड़ी हो चुकी थी

"सर पैसा बहुत बड़ी चीज़ है। पैसा न होता तो आप हर लड़की को ये ऑफर नहीं दे रहे होते। आज मेरे पति ने मेरे नाम कोई प्रोप्रटी या पैसा रखा होता तो मैं आपकी ये बकवास नहीं सुन रही होती"

बॉस ने सारिका को रोकते हुए कहा

"मांइड योअर लेंगुअज मिस आए नेवर फोर्स एनी गर्ल...तुम्हें कहा कभी पर इस दिन का मुझे इंतजार था और आ गया सो डील

करना फोर माए ओन कंपनी सेक तो बनता है। तुम अपना प्रोविडेंट ले सकती हो जस्ट सेंड यूअर रिजेगनिशेन एंड एकाउंट नम्बर।"

सारिका थोड़ा हल्का महसूस कर रही थी कि ये भी सही है सारिका ने डेज़ी को अपना रेजिग्नेशन दिया और कहा

"थैंक्स डेज़ी...मेरा एकाउंट खुलवाने के लिए मेरा सारा पैसा उसी में ट्रांसफर कर देना जब वो लड़का एकाउंट नम्बर दे जाएगा तो"

डेज़ी ने मुस्कुराकर कहा

"डार्लिगं ऑफिस की सारी फॉर्मलिटिस पूरी होते-होते महीना लग जाएगा।"

"पर मिल तो जाएगा ना...देट्स ओके। इतने दिन के लिए तो सास-ससुर पैसे दे ही देगें"

सारिका ने सोचा के वो ससुरजी को मना लेगी कि वो पैसे दें दे और जैसे ही उसके पैसे मिलेगें तो वो वापिस कर देगी। कैसी त्रासदी है बेटा उनका भी है पर सती पत्नी को ही होना पड़ता है।

घर पर सब इंतजार कर रहे थे कि सारिका पैसे ले के आ रही होगी क्योंकि आज अंशित को डाक्टर ने खूब डांटा था कि

"दवाई नहीं करवा सकते तो पेंशट को घर ले जाओ हमारे सिर पर मरने के लिए क्यों छोड़ रखा है। अगले दो घंटे में अगर दवाई शुरू नहीं की तो कुछ भी हो सकता है।"

सारिका का ये जवाब की वो ऑफिस से पैसे नहीं लाई और ऊपर से रिजाईन कर आई है तो घर में सुनामी आ गया। उसके सामने चार-चार लोग थे जो उसे बद्दुआएं दे रहे थे कि उसे अपने पति की कतई परवाह नहीं है। वो तो यही चाहती है कि वो मर जाए और ये अज़ाद होकर घूमे। सारिका नहीं चाहती थी कि वो अपने बॉस के ईरादे बताए...। पर सास की लम्बी-लम्बी साँसे चल रही थीं।

“अरे ये केशू हमारी मर्जी से शादी करता तो हमें ये दिन न देखने को ना मिलता। अपने ही ख़सम को खाने में लगी है। अरे इतना तो सुसराल वाले भी कर देते हैं ना हमने दहेज लिया ना कभी तीज-त्यौहार पर सुसराल वालों ने पलट के भी नहीं पूछा। अरे पता नहीं कहां फंस गया हमारा केशू।”

सारिका कहने की कोशिश करती कि आप मेरी बात तो सुनिए। तो ननद शुरु हो जाती।

“आप चुप ही रहो भाभी, क्या करोगी इतने पैसों का। अगर भाई ही नहीं रहा तो।” सारिका ने फिर कहने की कोशिश की कि

“क्यों ऐसा कह रही हो जीजी”

पर इन सब की आवाज़ो में सारिका की आवाज़ दबती जा रही थी। देवर और ससुर उसे खा जाने वाली निग़ाहों से देख रहे थे। सारिका ने सारी हिम्मत बटोर कर लगभग चीखते हुए कहा

“मेरे बॉस ने पैसा देने की शर्त रखी थी कि मुझे उसके साथ सोना पड़ेगा इसीलिए मैंने रिजाइन कर दिया।”

ये सुन कर जो चुप्पी छाई थी उसे महसूस करके सारिका को लगा कि अब ये परिवार उसे अपने सीने से लगा के कहेगा तूने बिल्कुल सही किया बहू। तुझ पर हमें गर्व है। तूने राकेश की इज्जत ही नहीं हमारे खानदान की भी इज्जत रख ली। ले ये पैसे तू ले और राकेश का ईलाज शुरु करा”

ससुर ने अपनी आराम कुर्सी पर बैठते हुए कहा

“तुम इतनी सी बात पर नौकरी छोड़कर आ गईं। अगर इससे तुम्हारे पति की जान बचती थी तो तुम्हें उसका कहना मान लेना चाहिए था।”

सारिका को इन बातों पर विशवास ना करती हुई आवाज ने कहा,

“क्या...क्या कह रहे हैं पापा जी आप?”

तो सास ने कमान संभालते हुए कहा

"तो क्या ग़लत कह रहे हैं। पति के लिए दी गई कैसी भी कुर्बानी शास्त्रों में भी जायज कहलाती है बहू।"

अब सारिका से रहा नहीं गया। वो बोली,

"बेशक के आप मेरी मां नहीं हैं पर एक औरत तो हैं। एक बार सोचकर तो देखिए कि आप कह क्या रहीं हैं? मेरी जगह आप होतीं या आपकी बेटी तो क्या करतीं। घर में पैसा है हम चाहें तो अभी राकेश का जीवन बचा सकते हैं। फिर भी आप चाहते हैं कि मैं अपने पति को बचाने के लिए उस ग़ैर आदमी के साथ सो जाऊं। क्या आप अपने बेटे को बचाने के लिए एक इन्वेस्टमेंट नहीं दे सकते जबकि वो पैसे मेरे और राकेश के ही तो हैं। अगर मैं उसकी पत्नी हूं तो आप भी तो उसके मां-बाप हैं। आपका कोई फर्ज़ नहीं बनता अपने बेटे के लिए? मैंने शादी कर ली...तो सारी मेरी जिम्मेदारियां हो गईं। और मैं किसकी जिम्मेदारी हूं...ना पति की ना आपकी। मेरा दुख दर्द मेरी तक़लीफ किसी की नहीं बस मैं लवमैरिज करके आगई तो मेरे भाई ने भी प्यार...प्यार से मुझे जता दिया कि कभी सोच भी ना लेना कि हम तुम्हारे साथ हैं क्योंकि तुमने लवमैरिज की है। यहां पति ने मुंह पर लिखकर बांध दिया कि लवमैरिज की है तो साबित करना है कि ये बहू सर्वश्रेष्ठ है जिससे उसे तमगा मिल सके की देखो उसने गलत नहीं किया। मेरा पैसा वो आप लोगों के एकाउंट में ही जमा करता रहा। पैसा आपका था मैं पराई गैर खानदान जात से। मेरी जिम्मेदारी लेने को कोई तैयार नहीं है क्योंकि मैंने लवमैरिज की है।"

इतना भर कहना था कि सास को तो दौरा ही पड़ गया

"हय राम ये तो हमारे निवाले गिनती है भई...इसकी नज़र तो हमारे बेटे की कमाई पर है। ये तो मेरे इन बच्चों का भी जीवन

बर्बाद करके मानेगी। अरे अंशित क्या देख रहा है...इस डायन को घर से निकाल।"

अंशित सारिका की ओर बढ़ा...

"भाभी आप हमारे घर से निकल ही जाओ तो हमें शांति मिल जाएगी।"

सारिका ने बहुत ही थकी और असहाय आवाज़ में कहा

"अंशित भाई मैं चली जाऊंगी पर अपने भईया को बचा लो प्लीज़ मैं तुम्हारे हाथ जोड़ती हूं।"

छोटी ने चिल्लाते हुए कहा

"निकाल अंशित इसे। जहां हाथ जोड़कर बात मान लेनी चाहिए थी। वहां तो ठेंगा दिखा के आ गई। निकाल इस कूड़े को।"

सारिका अपनी ननद को देख रही थी कि ये कैसे संस्कार हैं या कोई असुरक्षा की भावना कि इसके दहेज़ के लिए जोड़े गए पैसों में से एक पैसा भी कम न हो जाए। भाई बहन की रक्षा करने की बात करता है और सारी जिंदगी उस वायदे को बहन की शादी के बाद भी उसका घर भरने के रूप में निभाता रहता है। क्या बहन की अपने भाई के प्रति कोई भी जिम्मेदारी नहीं बनती। बीवी से तो कोई वायदा पूरा नहीं करता और जो वायदे फेरे के वक़्त किए जाते हैं। वो उसी फेरों की अग्नि में साथ-साथ भस्म भी हो जाते हैं। पत्नी अपना हर वायदा निभाने की कोशिश करती है। अगर वो अपने बॉस की बात मान भी लेती तो क्या उसे फिर अपनाया जाता? शायद राकेश ही उसे घर से निकाल देता। इस पैसे से इलाज कराने की बजाय मेरी विधवा बनकर रह लेतीं। खून तो इनका ही है। हो सकता है वो भी इस बात को स्वीकार करते हुए कहता कि तुमको सात लाख नहीं राउंड फिगर में मांगने चाहिए थे। सारिका को सारे चेहरे बहुत भयानक लग रहे थे। उसका दिल कर रहा था

कि वो यहां से भाग जाए। राकेश का वादा याद आ रहा था कि तुम्हें और कुछ दे पाऊं या न दे पाऊं पर एक दिल से प्यार करने वाला परिवार जरूर देने का वादा कर सकता हूं ता उम्र। उसे गर्व था कि उसका परिवार उसे बहुत प्यार करता है। सारिका के कानों में अब कुछ नहीं पड़ रहा था। बस इस खींचातानी में वो अपने को संभालने की कोशिश कर रही थी। तभी फोन की घंटी बजी। अंशित सारिका के कस के पकड़े हुए हाथ को झटके से छोड़ कर फोन की ओर बढ़ा। सारिका जमीन पर गिर पड़ी। वो अपने को संभालती कि अंशित चीखा...मां अस्पताल से फोन है...तो मां चिल्लाई कह दे उनसे

"खा गई उसकी बीवी सारा पैसा..."

मां अंशित फिर चीखा...

"नहीं मां वो कह रहे हैं कि भाई नहीं रहा"

घर में सन्नाटा था। सारिका जहां थी वहीं बैठी की बैठी रह गई। घर में कोहराम मचना शुरू हो गया। अड़ोसी-पड़ोसी ऐसी चीखों से वाकिफ़ थे। वो थोड़ी देर के अंदर ही इकट्ठे हो गए थे। कुछ औरतें सारिका के पास बैठीं तो कुछ ननद और सास के पास। आदमी लोग अस्पताल चले गए। सारिका अपने को बहुत हल्क़ा महसूस कर रही थी। वो धीरे उसी जगह पर अपने शरीर को समेटे के लेट गई। सबने सोचा कि वो बहोश हो गई। सब उसे संभालने में लग गए। उसे आवाजें आ रही थी बेचारी। आदमी के बिना भी कोई जीवन होता है। क्या करेगी बेचारी अब? सारिका सोच रही थी कि अब वो एक झपकी ले सकती है। तो सास की आवाज़ कान में पड़ी

"छोटी हमारे यहां औरत मरे हुए पति का मुंह नहीं देखतीं। फोन कर दे इसके घर की इसे आके ले जाएं। और इसके भाई को कह दियो कि सारी जिंदगी तो कुछ दिया नहीं अब तो देंदे। क्रिया-क्रम और रिश्तेदारों के खाने-वाने का ख़र्चा ससुराल से ही आता

है ये हमारे यहां की रस्म है...कह दियो इसके भाई से कि पचास हजार लेता आए।"

आस-पड़ोस की औरतों का ध्यान इस अनोखी रस्म पर चला गया कि ये कौनसी रस्म है। हमने तो आज तक सुनी नहीं। सारिका मन ही मन हंस पड़ी कि ये अवसरवादिता की रस्म है। जो ससुरवाले अपने हिसाब से बना लेते हैं कि भई हमारे यहां तो ऐसा ही होता है। सारिका जानती थी कि उसके भाई ने सुन लेना है पर देने की बात आएगी तो वो भी कुछ नहीं निकालेगा। मां-बाप उससे पूछे बिना एक क़दम भी नहीं उठाते। एक ये बेटा था। एक वो बेटा था। खैर, सारिका ने आंखों को हल्के से खोल कर देखा। सारे घर की दीवारों का छिपा हुआ रंग उसे साफ़-साफ़ दिखाई दे रहा था। उसने देखा कि घर से निकालने की धक्का मुक्की में वो दरवाजे के पास ही पड़ी हुई है। उसका बैग भी वहीं पड़ा था। उसने अपने सारे शरीर को पूरी ताक़त से उठाया और दरवाज़े से बाहर निकल गई। निकलते-निकलते उसने इतना भर सुना कि आपकी बहू बाहर जा रही है। सास ने कहा उसका भाई आया होगा जा छोटी उससे पैसे ले आ...।

सारिका ने डेज़ी को मैसेज किया। रात के दस बज चुके थे। पर ऑटो चल रहे थे। सारिका ने ऑटो को आवाज दी तभी फोन पर मैसज की रिंग बजी मैसेज था "वेलकम डार्लिगं डेजी और उसका पता लिखा था"

10 अप्रैल 2013

4

भेड़िया आया

वो फ़फ़कती हुई अपने बॉस के कमरे से निकली। बाहर इतनी देर से लगे कानों ने अपनी आँखो पर विश्वास करने के लिए उसकी ओर देखा। उसने सुड़क-सुड़क के अपनी नाक साफ़ करके इधर-उधर देखा ओर रोती हुई भाग गई। सारे कान, आँख बनें एक दूसरे से मिले फिर मुंह बनकर फुसफुसाने लगे। ये फुसफुसाहट पूरे ऑफिस में जल्दी ही चर्चा का विषय बन गई। बात फैल गई थी कि उस लड़की को उसके ही एक कुलीग ने पन्द्रह दिन पहले रात के अंधेरे में सेक्सुएल हैरेस करने की कोशिश की थी। इस बात पर सब उससे अपने-अपने तरीक़े से सहानुभूति करने लगे। ऑफिस में उसे अधिकतर लाल परी कहते थे वो काफी तडक-भड़क वाले कपड़े पहन कर आती थी। और थोड़ी एडवांस सी लगती थी। इसीलिए उससे कुछ लोग बच के तो कुछ सट के चलते थे।

एक ने बात शुरु की "कौन होगा वो दरिंदा? मुझे मिल जाए तो मैं तो सूली पर ही लटका दूं।"

दूसरे ने लीड ली, "भईया ज़माना बहुत खराब है। हमारे टाईम में कहां होता था ये सब। परिवार जैसा ही माहौल होता था ऑफिस में। क्यों जी?"

तीसरे ने सहानूभूति दिखाई "उस बेचारी की तो सोचो उसके घरवालों की तो सोचो। उसका तो निकलना बंद हो जाएगा।"

चौथे को तीसरे की बात पसंद नहीं आई "वैसे वो बेचारी कहीं से नहीं लगती। देखा नहीं क्या पहन कर आती है। उससे तो कोई भी कुछ भी कर जाए।"

पहले ने हां में हां मिलाई तो चौथे का हौसला बड़ा तो उसने फिर कहा सोचने वाली बात ये भी तो है कि "हुआ पंद्रह दिन पहले था बता अब क्यों रही है? बात कुछ पल्ले नहीं पड़ी।"

इस पर एक महिला बोलीं "आप क्या जाने शर्मा जी कि इसके बाद लड़की को कितने ट्रोमा में रहना पड़ता है। आसान नहीं होता इससे निकलना।"

शर्मा जी बोलते बोलते रह गए आपको कैसे पता पर बात आती उससे पहले ही दूसरे ने उनके हाथ में पानी का गिलास पकड़ा दिया। बात वहीं गटक ली गई।

पांचवे ने महिला का साथ देते हुआ कहा, "और क्या जी। पता नहीं आज भी बेचारी कैसे कह गई।"

छठे ने कहा "नहीं यार ये तो उस पीसी की गर्लफ्रेंड है। इसको कोई इतनी आसानी से हाथ नहीं लगा सकता।"

पहले को ये बात पसंद नहीं आई तो उसने छठे को छेड़ते हुए कहा, "क्यों तुमने कोशिश की थी क्या?"

छठे ने पहले को घूर के देखा "अब मुंह तो खुलवाइए मत। ये बात कम ही लोगों को पता है कि आपने कोशिश की थी तो मुंह पे लाफा खाया था कस के। और पीसी ने सबसे ज्यादा काम वाले डिपार्टमेंट में आपका ट्रांसफर करा दिया था सो अलग।"

माहौल में गर्मी छाने लगी थी। पर बॉस ने तत्काल मीटिंग बुला ली तो बात सामने तो थम गई पर बाद में देख लूंगा कि तर्ज़ पर आंखे मिलीं और धमकियां एक्सचेंज हो गईं।

अगले दिन की सुबह बहुत अजीब थी। धनाडे पंद्रह दिन बाद जब ऑफिस आया तो उसका चेहरा बहुत बीमार, उदास और रोया हुआ सा था। वो लड़की एकदम फ्रेश, सिर उठाकर कॉरिडोर में जा रही थी दोनों की नज़रें मिलीं लड़की ने गर्व से भरी नज़रों से कहा,

"देखा मैंने तुमसे अपना बदला ले लिया। सारा ऑफिस तुम पर थू-थू कर रहा है। अब देखना मैं तुम्हें कैसा मज़ा चखाती हूं।"

धनाडे सोच रहा था। पता नहीं ये लड़की कब सुधरेगी? मैंने उस दिन ही तो इसे डांटा था,

"तुम्हें शर्म नहीं आती कि तुम आदमियों के बाथरुम में इस लड़के साथ आ गई हो। जाओ यहां से वरना मैं तुम्हारी कम्पलेंट कर दूंगा।"

लड़के को उसने दूसरी जगह ट्रांसफर करवा दिया। बात आई-गई हो गई। धनाडे को लगा चलो मैंने उस युवती को सुरक्षित कर दिया। फिर कुछ दिनों बाद वो किसी और के साथ दिखी। उसी तरह बाथरुम में। धनाडे ने उस युवती और आदमी को फिर डांटा,

"तुम जानते हो क्या कर रही हो। इसकी तो नौकरी जाएगी ही साथ ही तुम किसी को भी मुंह दिखाने लायक नहीं रहोगी।"

धनाडे ने सोचा वो किसी का जीवन सुधार कर अच्छा कर रहा है। वो युवती उसे बीच की ऊंगली दिखा के आगे बढ़ गई। और वो चुपचाप आया और अपना काम करने लगा। धनाडे काम के लिए ही बना था। सब उसकी डिपार्टमेंट में काफी इज्ज़त करते थे। अब वो इतने दिन बाद आया था तो उससे सब पूछना चाहते थे कि वो इतने दिन क्यों नहीं आया और ताज़ा ख़बर भी देना चाहते थे कि किसी ने लाल परी को सैक्सुएल हैरेस करने की कोशिश की थी। नाम नहीं पता चला अभी तक बस बॉस को पता है। पर धनाडे अपने काम में मगन था उसे पता ही नहीं था कि सब उससे बात करने के लिए बेकरार हैं। तभा मदन लिफाफे में एक चिट्ठी लेकर आया कि अर्जेंट है। धनाडे ने खोली तो पढ़ कर हंस दिया ये ऑफिस के लोगों के लिए खास दिन होता था जब धनाडे हंसता था। उसने चारों तरफ नज़र घुमाई...और धीरे से साथ वाली महिला से कहा कि मैंने किसी के साथ रेप करने की कोशिश की थी...क्या? उसके इस मासूम से सवाल पर सभी हंस दिए।

एक महिला बोली,

"अरे साब क्या कह रहे हो...आपने रेप करने की कोशिश की थी।"

पूरे सेक्शन में एक ज़ोर का ठहाका लगा...काग़ज़ सब के हाथों में घूम गया। किसी ने कहा,

"देखो तो तारीख, कहीं आज...अप्रैल फूल तो नहीं है...?"

दूसरे ने कहा "अरे ये तो आपने पन्द्रह दिन पहले किया था पर इस लड़की को आज कैसे होश आ रहा है कि उसके साथ रेप हुआ है।"

ये कहते हुए सबने एक दूसरे की तरफ देखा यानी लाल परी... धनाडे...माहौल में चुप्पी छा गई तभी मदन ऑफिस के चपरासी ने धनाडे के पास आकर कहा,

"साब, आपको बड़े साब ने बुलाया है।"

धनाडे उठा और बिना कुछ सोचे-समझे। बिना घबराए बड़े साब के पास चला गया।

आज साब ने उसे अच्छी तरह से देखा। उसने भी बड़े साब को देखा। जो आते ही कहते थे कि

"इतनी तुम्हारी उम्र है नहीं, जितनी लगने लगी है। अरे निकलो इन फाइलों के बोझ से और जीवन में कुछ मौज-मस्ती भी करो वरना जब रिटायर हो जाओगे तो तो गालियां दोगे सरकारी नौकरी को।"

धनाडे मुस्कुरा देता और कहता काम बताइए...क्योंकि वो जानता था बड़े साब जब ज्यादा ही किसी बड़े काम फंस जाते थे तो बुलाते थे। और ये आराम से उस केस को सुलझा के अगले दिन उनके हाथ में रख देता था। साब कहते कि अरे कब किया तो वो मुस्कुराकर कहता "रात को"

...और अपना सिर झुकाए कमरे से बाहर निकल जाता। बड़े साहब सिर हिला के कहते

"पागल है...ये तो"

आज उन्हीं साहब ने उस धनाडे को ऊपर से नीचे देखकर बोला,

"तुम रात को काम करने के लिए इसलिए रुकते हो कि लड़कियों को सेक्सुएल हरैस करो? मैंने तुम पर विश्वास करके गलत किया।"

धनाडे ने हल्के से मुस्कुरा के कहा,

"मीमो तो मेरे पास रेप करने का आया है। और मुझ पर विश्वास किया होता तो आप मुझसे ये सवाल ही नहीं करते। आप जो एक्शन लेना चाहते हैं तो ले लिजिए...अब रेप किया है तो, तो आपको एक्शन जरुर लेना चाहिए। मैं चलता हूं कुछ जरुरी काम निबटाने हैं। अगर सस्पेंड हो गया तो सारी फाइलें पड़ी की पड़ी रह जाएगीं।"

और वो साहब की टेबल पर पड़ी कुछ जरुरी फाइलों को उठा कर कमरे से बाहर निकल गया। बड़े साहब ने माथे पर अपना हाथ मारा और कहा,

"पागल है ये तो"

बड़े साहब के केबिन से बाहर आते ही सारी आँखे फिर कान बन गईं। वो धनाडे के मुँह से कुछ सुनना चाहती थे। धनाडे कुछ नहीं बोला। अपनी सीट पर बैठ कर काम करने लगा। उन कानों नें अब मुंह बनकर बोलना शुरु किया...।

"क्या तुम पागल हो कि साब की सुन के आ गए धनाडे।"

"ये क्यों पागल है, साब को नहीं पता ये कैसा क्या?"

"आजकल लड़कियों को देखा है उनको कुछ करने की जरुरत है, वो तो खुद ही गोद में बैठ जाएं।"

"अरे एक दो बार तो उसने मेरे से भी लिफ्ट लेने की कोशिश की थी अच्छा है मैंने मना कर दिया था वरना इनकी जगह मैं होता।"

धनाडे की गुस्से में निग़ाह उठीं। उसने गुस्से से सामने वाले को देखा। पर लोगों ने इस बात पर ध्यान ही नहीं दिया। वो तो चर्चा में मशगूल थे। कल की चर्चा में विलयन वो आदमी था जिसने हैरेस किया था। आज वो लड़की खराब थी।

"मैंने तो सुना है कि ये उस लड़की का धंधा है। वो तो ऐसे ही लोगों को फंसाती है पैसे निकलवाती है।"

धनाडे अब चुप ना रह सका। वो गुस्से में चिल्लाया

"ऐ तुम पागल हो क्या? और ये धंधा क्या होता है? मुझसे सहानुभूति जताने की कोशिश करने की जरुरत नहीं है। वो झूठ नहीं बोल रही है। किया है मैंने उसका रेप।"

ये सुनते ही पूरे कमरे में सन्नाटा छा गया। धनाडे उठा और बड़े साब के केबिन में चला गया।

सारी आँखे उसका इंतजार कर रहीं थीं। वो काफी देर बाद आया। सारे कान पूरी कहानी सुनना चाह रहे थे। उसने सबके मन की अवस्था को समझते हुए कहा, "मैंने रिजायन कर दिया है। मुझे से कुछ ग़लती हो गई हो तो आप लोग भी मुझे माफ कर किजिएगा...।"

सारे दिल जैसे कुछ सेंकण्ड के लिए धड़कना बंद हो गए हों। ऐसी चुप्पी थी पूरे माहौल मे। और धनाडे ऑफिस से बाहर निकल गया...।

लड़की के पंख लग गए थे। वो ख़ुश थी कि उसने ये लड़ाई कुछ ज़्यादा तमाशा किए बिना ही जीत ली थी। लोगों के दिमाग़ सोच कुछ और रहे थे और सच्चाई कुछ और थी। बड़े साहब उस लड़की से डरते थे। सारे ऑफिस के लोग भी उससे डरने लगे थे। कुछ ऐसे लोग जो उस लड़की को खिलाते-पिलाते घूमाते थे। वो तो उस लड़की के इस क़दम से बहुत ख़ुश थे। और अब चौड़े होकर घूमते थे के ऑफिस में किसी ने कुछ कहने की कोशिश की तो वो सेक्सुएल हैरेस के आरोप में उसे भी फंसवा देगें। ये तो बहुत आसान है। क्योंकि इसके लिए कोई कुछ सबूत नहीं माँगता। बस दो चार झूठे गवाह मिल जाएं तो केस सॉलिड बन जाता है। रेप तो प्रूव हो सकता है पर सेक्सुएल हैरेस नहीं, ये तो रेप से बेहतर आरोप है।

बड़े साहब को धनाडे की कमी बहुत खल रही थी। इतना सारा काम पैंडिग हो गया था। वो फाईनेंस के एक से एक केस को मिनटों में निबटा देता था। पर अब तो सिर्फ दिन बीत रहे थे फाईलें वहीं की वहीं थीं। साब को समझ नहीं आ रहा था कि अब कौन करेगा धनाडे का काम? सभी में काम तो बांट दिया गया था पर उन्होंने फाइलें पढ़ने में ही महीना लगा दिया था। काम बहुत ही धीमी गति पर आ गया था। धनाडे को गए हुए भी महीना हो गया था। उसके फंड और सारी ऑफिस औपचारिकताएं भी पूरी हो चुकी थीं। बड़े साब जानते तो थे कि धनाडे ऐसा नहीं कर सकता। उसके जाने का दुख उन्हें सबसे ज्यादा था पर वो मजबूर थे क्योंकि कानून यही कहता है। कानून कुछ भी कहे पर वो बड़े साब को धनाडे से मिलने से थोड़ी रोक सकता है। ये सोचकर बड़े साब धनाडे के घर पहुंचे।

साफ-सुथरे साधारण से घर में जब वो घुसे तो उन्होंने एक बहुत ही सुंदर सी महिला देखी, जो 40–42 साल की होगी। ये भी तो 45 साल का ही था। पर रहता ऐसे था कि न जाने की कितना

बूढ़ा हो गया हो। धनाडे ने हंसकर स्वागत किया अपनी पत्नी से मिलवाते हुए कहा,

"हमारे बड़े साब हैं।" उस सुशील सी महिला ने नमस्ते किया और किचन की ओर चली गई...आईं तो हाथ में पानी और मीठा था। बड़े साब पूरा घर देख रहे थे। उन्हें इस घर में आकर बहुत सुकून महसूस हो रहा था। सामने एक कोने में किताबों का रैक था। इको ऑनर्स की बहुत सी किताबें रखीं थीं। साहब ने पानी का गिलास टेबल पर रखते हुए कहा,

"अरे तुमने कभी जिक्र ही नहीं किया तुम्हारे बच्चे भी हैं।"

दोनों पति-पत्नी की नजरें मिली। उन्होंने थकी सी मुस्कुराहट एक्सचेंज की फिर चुप हो गए। बड़े साब रैक की ओर बढ़ गए और एक बहुत ही सुंदर सी लड़की की फोटो देखकर बोले,

"अरे भई, ये तुम्हारी बेटी है, ये तो बहुत ही प्यारी है, बिल्कुल तुम पर नहीं गई, भगवान का शुक्र है।"

उनकी हंसी पूरे घर में गूंज गई। हल्की सी हंसी उन दोनों की भी सुनाई दी।

"अच्छा तो ये कर रही है इको ऑनर्स, भई कभी मिलवाओ"

धनाडे धीरे से बोला "अब ये इस दुनिया में नहीं है।"

बड़े साहब की आँखे फैल गईं "क्या कह रहे हो, तुमने कभी बताया ही नहीं। क्या हुआ था इसे?"

धनाडे ने कहा "इसको इसके ऑफिस में सेक्सुएली हैरेस किया गया था पर ये किसी को बता नहीं पाई। क्योंकि ये जानती थी कि कोई एक्शन नहीं लेगा। बस इसे बदनाम होना पड़ेगा। ताने और लोगों की बातें सुननी पड़ेगीं तो इसने किसी को कुछ नहीं कहा ना बताया। हमें भी नहीं बताया कि कहीं हमें दुख ना हो। बस सारे

दुखों का अंत मरना है ये सोचकर उसने अपना अंत कर लिया। एक महीना बीस दिन हो गएं हैं आज इसे गए हुए।"

धनाडे से नज़रें नहीं मिला पा रहे थे। "चाय ठंडी हो रही है" पत्नी की आवाज ने चौंकाया पर साब का ध्यान तो अब चाय पर था ही नहीं। उन्होंने धनाडे को हल्के से डांटते हुए कहा।

"पर तुमने उस लड़की की उलजलूल कंपलेंट पर क्यों रिजाइन किया। जबकि पूरा ऑफिस जानता है तुम ऐसा नहीं कर सकते।"

धनाडे और उसकी पत्नी ने अपने आंसूओं को गिरने से रोका। फिर अपनी बेटी की फोटो देखते हुए धनाडे बोला,

"जिससे हमारे ऑफिस में कभी वास्तव में ऐसा हो तो वो लड़की ये कहने की हिम्मत कर पाए कि हां हमारे ऑफिस में ऐसी बातों पर एक्शन लिया जाता है। और लड़की का साथ पूरा ऑफिस देता है। तो फिर कोई लड़की चुपचाप किसी का जुल्म नहीं सहेगी। वो कहने की हिम्मत कर पाएगी और आत्महत्या जैसा क़दम नहीं उठाएगी जैसा मेरी बेटी ने उठाया।

उन लोगों को की हिम्मत को सलाम जिन्होंने ऐसी परिस्थितियों को झेला और झेल रहें हैं। सिर्फ इसलिए की किसी मासूम लड़की पर आरोप लगे तो वो आवाज़ उठा सके। बेश्क के लालपरी जैसी लड़कियां कितना भी फायदा क्यों ना उठा लें।

5

चौकीदार

65 साल की शैलजा अपने दोस्तों और कुछ गिने चुने रिश्तेदारों के बीच बैठी ऐसी लग रही थी जैसे 16 साल की बच्ची से ऐसी गलती हो गई हो कि पूरा कुनबा अपने सारे जरुरी काम छोड़ के उसे समझाने आ गया है। और हर कोई यही माने बैठा है कि वो ही सबसे ज्यादा समझदार हैं।

"तुम ऐसा कर कैसे सकती हो शैलजा।"

"कर सकती हो पूछ रहे हो????? ये कर चुकी हैं...।"

"शायद इसे ही सठियाना कहते हैं।"

"इट्स रियली अमेजिंग, एक हजार गज का फ्लैट बेच कैसे दिया तुमने...?"

"अरे यार अपने पति की निशानी समझ कर ही अपने पास रख लेतीं।"

"पता है तुम्हें, लोग तरसते हैं आजकल, इतनी बड़ी प्रोपर्टी के लिए और तुम हो कि आसानी से बेच आईं।"

"अरे बेचना भी था तो एक बार किसी से पूछ ही लेंतीं।"

"आज तक पूछा है इसने, जो किसी से अब पूछती"

"मुझे तो ये समझ नहीं आता कि एक हजार गज का फ्लैट छोड़ कर ये दो कमरों की बरसाती में रहेगी कैसे?"

"अरे दो दिन में वहां से भागे नहीं तो नाम बदल देना...। देखा है मैंने उस चूहे दानी को, जितना अभी खुश हो रही है ना। बाद में उतना ही रोएगी की कहां आके फंस गई।"

शैलजा सिर झुकाए बैठी थी। उसे सिर्फ़ आवाज़ें सुनाई दे रहीं थीं। पर किसने क्या कहा ये नहीं।

शैलजा अपने पति के रहते सारी दुनिया की सुनती भी थी और कहती भी थी। पर जब से उसके पति ने उसकी सहेली से शादी

करके अलग गृहस्थी बसा ली थी तभी से उसने सभी से कुछ भी कहना छोड़ दिया था। वो सिर्फ सुनती थी क्योंकि वो जानती थी कि रिश्तेदार ऐसे ही होते हैं। और अकेली औरत को समझाना, उसका हितैषी बनना अपना परम कर्तव्य समझते हैं। क्योंकि रिश्तेदारों का मानना होता है कि अकेली औरत तो अपने फ़ैसले लेने के लायक ही नहीं होती। बेश्क के देश की प्रधानमंत्री एक महिला रहीं हों, बेशक के स्पेस पर जाने वाली महिला हो, एवरेस्ट की चोटी पर चढ़ने वाली महिला हो, बॉक्सिंग में वर्ल्ड में नाम कमाने वाली महिला रही हो। पर उसे अपने फ़ैसले लेने का हक़ नहीं है। वो उसके माता-पिता के बाद पति और पति के बाद बेटा। और वो ना हों तो ये जिम्मेदारी एहसान के साथ रिश्तेदार निभाने आ जाते हैं। हितेश ने जब दूसरी शादी का फैसला किया था तो भी हितेश को किसी ने नहीं समझाया सब उसे ही समझाने आए थे। और तब भी शैलजा यूं ही चुपचाप सिर झुकाए बैठी रही थी।

"तू क्यों नहीं हितेश को समझाती?"

"कुछ तो ऐसा किया होगा तुमने कि उसे दूसरी शादी करनी पड़ रही है।" ये वो चाची बोल रही थी जिन्होंने खुद अपनी सहेली के पति से शादी की थी।

"कहा था मैंने मत घुसा अपने घर में अपनी सहेली को। देख लिया ना कहना ना मानने का नतीजा...अब भुगत।" शैलजा ने सोचा कब कहा था? चलो कह रही है तो कहा ही होगा रिश्तेदार कभी झूठ नहीं बोलते।

"तुम हितेश से मॉफी मांग लो उससे कहो वो तुम्हें एक मौका और दे...दे...।" शैलजा का दिल किया कि इस मौसी का तो यहीं मर्डर कर दे। अभी शैलजा उसके मुंह में कपड़ा ठूंस कर उसे सूली पर टांगने के सपने ही देख रही थी कि एक और रिशतेदार की आवाज़ सुनाई दी।

"और क्या...अरे मिंया-बीवी में तो ऐसा होता ही रहता है। अगर तू अच्छी रहेगी तो भी कभी ना कभी तो महसूस करेगा ही ना। हो सकता है अपनी गलती मान के आ जाए वापिस। अरे भई शादी तोड़ना इतना आसान कहां होता है।" शैलजा ने हल्की सी नज़र उठाई देखा वो हितेश के दूर के ताऊजी थे। शैलजा का दिल अपने बाल नोचने का करने लगा नोचना तो उनके बाल चाहती थी पर वो गंजे थे।

"चल हितेश को बुलाते हैं तू उससे माफी मांग और ये फालतू का झंझट रफा-दफा कर। और तू कहेगी तो उससे भी मंगवा देगें माफी।"

"बात को समझ शैलजा...एक्सीडेंट ऐसे ही नहीं होते उसके पीछे कारण होता है। तो उस कारण को ढूंढ जिससे दोबारा कोई कारण ना बने।"

शैलजा ने तिरछी निग़ाह से सबको देखा कि इन्हें पता है ना कि मैं नहीं हितेश मुझे तलाक़ दे रहा है। उसने काग़ज़ तैयार कराएं हैं तलाक़ के, मैंने नहीं।

"देख भई हमारा हितेश सच में ऐसा नहीं है कि वो तलाक़ दे। पर जब उसने ये क़दम उठाया है तो तूझे देखना पड़ेगा कि तू उसे कैसे मनाए।"

शैलजा ने जब सब की सुन ली तो हितेश को बुलाया गया कि शैलजा तुमसे कुछ बात करना चाहती है। सबको लग रहा था शैलजा की ज़िंदगी को उनकी बातों से सही मार्ग दर्शन मिल गया है तो अब ख़ुशियों के सागर में उसकी ज़िंदगी गोते खाएगी। हितेश अपना समय लेकर टहलता सा सामने आया। हितेश का चेहरा थोड़ा परेशान था शायद सोच रहा था कि अगर शैलजा उसके सामने रोई-गिड़गिड़ाई तो वो क्या करेगा? इसलिए वो कुछ दूरी पर शैलजा को देखे बिना खड़ा हो गया। शैलजा ने हितेश की तरफ देखा और मुस्कुरा के कहा...

“मैं इसी घर में रहना चाहती हूं...” ये सुनकर सारे रिशतेदारों ने एक दूसरे की शक्ल देखी कि चलो हम जीते। हमारा मार्गदर्शन हमारे नहीं तो इसके काम तो आया।

शैलजा ने बात जारी रखते हुए कहा “क्योंकि दोनों बच्चों का स्कूल पास में हैं। कहीं और शिफ्ट किया तो मेरे लिए मुश्किल हो जाएगी। तलाक़ के पेपर्स पर मैंने साइन कर दिए हैं तुम्हारी स्टडी टेबल पर रखें हैं।”

हितेश हैरान था कि शैलजा ने कोई रोना-धोना नहीं मचाया, ना कुछ मांगा, ना बेचारी बनी, आराम से तालाक के पेपर भी साइन करके दे दिए...।

सारे रिशतेदार उसी दिन से शैलजा के दुश्मन हो गए कि जब तलाक़ के पेपरों पर साइन कर ही दिए थे तो हमें बुलाने की क्या जरुरत थी। और फिर इतनी देर से हमारी सुने क्यों जा रही थी। कह देती कि जो मैंने करना था कर दिया वो बताने के लिए बुलाया था समझाने के लिए थोड़ी। किसी एक समझदार ने उनकी बातों में शिरक़त करते हुए कहा “के अगर सोचो तो ना शैलजा ने हमें बुलाया था और ना ही उसने हमें अपने वैल्यूबल सुझाव देने को कहे थे। हम तो सुनकर अपने आप ही आ गए थे। सच बताऊं तो मुझे तो ऐसा लग रहा था कि हमें सुझाव देने का मौका मिले तो हम तो मुर्दे को भी सुझाव देने में चूके नहीं। भाई ऐसे लेट...नहीं तू करवट ले के लेटे...। ये कहकर वो हंसा और सारे रिश्तेदारों का जत्था उसके पीछे पड़ गया।

हितेश मन ही मन बहुत ख़ुश भी था। वैसे भी इस एक हजार गज के इस मकान की डाउन पैंमेट ही तो उसने की थी बाकी की सारी क़िस्तें तो शैलजा ने ही दी थीं। तो कुल मिलाके उसका ही था ये मकान। तो हितेश का तो कुछ गया नहीं। क्योंकि ऑफिस से शैलजा ने ही लोन लिया था इसलिए मकान भी उसके नाम ही था। तो सारे झंझटों से मुक्ति मिल गई थी हितेश को।

वो रात बीत गई थी। अगली सुबह से हितेश का पता नहीं कि वो सुकून में था या नहीं पर शैलजा की सुबह में सुकून ही सुकून था। जो सुबह उठकर हितेश के आर्डर पर आर्डर चलते थे वो शांत थे। चाय...अभी गर्म पानी तो अब ग्रीन टी...अब मेरी शर्ट प्रेस नहीं हुई है। अरे खाने में आज कुछ स्पेशल देना। सुबह पांच बजे से जो घर के चक्कर शुरु होते वो रात के बारह बजे तक चलते रहते थे। शैलजा को लगा जैसे अब तो कोई काम ही ना बचा हो। वो आराम से बच्चों को तैयार करके खाना बना के। आराम से बालकानी में बनाए अपने छोटे से गार्डन के पास मूढ़ा रखकर चाय पीती। ऑफिस जाती। शैलजा अब अपने लिए जीने लगी थी। कोई चिंता नहीं थी अब शैलजा को। उसके घर में और मन में शांति थी। शैलजा कभी किसी कॉमन फैमिली फंक्शन में जाती तो हितेश और अपनी फ्रेंड यानी हितेश की पत्नी को देखकर मुस्कुरा पड़ती। और वो दोनों क्लिस कर रह जाते। शैलजा जानती थी कि उसकी नाज़ुक मिजाज़ सहेली को हितेश जैसे अड़ियल बंदे को संभालने में कितनी मुश्किल आ रही होगी।

65 साल की उम्र में फिर कुछ लोग सो कॉल्ड अपने, उसे घेरे हुए बैठे थे। और शैलजा के फ़ैसले पर उसे समझा रहे थे। शैलजा ने सब को खिलाया-पिलाया और अगले दिन अपनी दो कमरे की बरसाती में शिफ्ट हो गई।

शैलजा के दोनों बेटे एक अमेरिका और एक इंग्लैंड में सैटल हो चुके थे। वो भी इस बात से नाराज़ थे कि माँ ने हम से पूछा भी नहीं और इतनी बड़ी प्रोपर्टी अकेले ही बेच दी। उन्होंने सोचा भी नहीं कि उस घर में हमारी इतनी यादें जुड़ी हुई हैं। दोनों ने ही एक लंबी सी मेल शैलजा को अपनी नाराज़गी जाहिर करते हुए लिख दी। पर इस बात का ज़िक्र कहीं भी नहीं था कि शैलजा ने जो अच्छा ख़ासा पैसा भेजा है वो इस नाराज़गी के तहत रखेगें या वापिस भेज देगें। शैलजा दोनों की मेल पढ़कर मुस्कुराई और अपने बच्चों को उनकी मेल का जवाब लिखने बैठ गई।

प्रिय बच्चों...

मुझे माफ करना। मैंने तुम्हारे उस घर को बेच दिया जिससे तुम्हारी बहुत सारी यादें जुड़ी हुई थीं। तुम्हें याद है कि तुम अपनी इन यादों को देखने, उन्हें संभालने 15 साल में कितनी बार आए हो। मुझे याद है, कुल मिलाकर तीन बार। उसमें से दो बार ही तुम इस घर में रुके थे। जिसे तुम्हें बेचने का दुख है। उन दो बार में तुम्हारा अधिकतर समय अपने दोस्तों से मिलने में जाता था। और उन तीस दिनों में से 22 बार स्लिपओवर अपने दोस्तों के घर पर ही करते थे। मुझे एक दिन भी याद नहीं आता कि हमने बैठ कर पुरानी बातें, तुम्हारा बचपन कभी भी डिस्कस किया हो। याद है तुम्हें...हमारे यादों के उस बक्से को हमने लास्ट टाईम कब खोला था। जिसमें मैं तुम्हारी हर चीज़ संभाल कर रख देती थी। याद है तुम्हें तुमने फुटबाल को ऐसी किक मारी थी कि फुटबाल के साथ...साथ तुम्हारा जूता भी हवा में कहीं उड़ गया था। बचे हुए एक जूते को मैंने उस याद को याद करने के लिए आज तक संभाल कर रखा हुआ था। तुम्हारी वो गंदी सी टी शर्ट...जिसपर तुम्हारे दोस्तों ने काले-पीले रंग किए थे। तुम्हारी वो ड्राइंग बुक जिसमें तुमने जो कुछ भी बनाया मेरे लिए वो नायाब था। उन सबको देखकर तुमने बहुत चिढ़ कर कहा था, "क्या मम्मा आपने तो अभी तक ये गंदा सा फुटबाल का एक जूता संभाल कर रखा हुआ है। क्या करोगी इन सबका इनको फेंक-फांक कर एक तरफ करो। पर फिर भी मैंने उन यादों को अभी तक संभाल कर रखा हुआ था। तुम्हारे बच्चों को दिखाने के लिए... पर...खैर उस घर में किन यादों को तुम संभालने की बात कर रहे थे। मुझे याद नहीं आतीं।

तुम्हारे लिए ये घर बाबा आदम के ज़माने का घर हो चुका था। और मुझे तुम हमेशा यही सलाह देते कि "माँ, इस घर का रेनोवेशन क्यों नहीं करवा लेतीं।" पता नहीं तुम्हें ये कैसे भ्रम था कि एक सरकारी नौकरी करने वाली माँ के पास इतना पैसा होगा जो इतने बड़े घर का रेनोवेशन करवा ले। मेरी पेंशन तो इस घर

के बिल और मेंट्नस के लिए ही पूरी नहीं पड़ती थी तो इस घर का रिनोवेशन कैसे कराती। इसीलिए तो जब भी तुम इंडिया आते तो अपने दोस्तों के घर रहते थे। और आ-आकर उनकी बढ़ाईयां करते कि “क्या बढ़िया घर है मम्मा...एक दम फाइवस्टार होटल की तरह। मजा तो ऐसे घर में रहने में आता है। ये तो बस... घर कम अजायबखाना ज़्यादा लगता है।” इसे बेच क्यों नहीं देती मम्मा, कोई दूसरा घर क्यों नहीं ले लेतीं जहां आप आराम से रह सको। मैंने कई बार सोचा कि तुम लोग ये कहोगे पर तुम लोगों ने कभी नहीं कहा। फिर मैंने ही सोचा कि कि इस अजायबखाने की चौकीदारी करते-करते मैं कहीं मर ही न जाऊं। तो मैंने एक बार फिर अपने साथ जीने की सोची है। कुछ साल अपनी जिंदगी... आराम से अपने छोटे से छत के गार्डन में बैठकर चाय पीना चाहती हूं। अपने बेड पर बैठकर आराम से किताबें पढ़ना चाहती हूं। अपनी छोटी सी किचन में अपनी पसंद का खाना बनाकर खाना चाहती हूं। मैं अब आराम चाहती थी। और मैं आज आराम में हूं। अपनी इस दो कमरों की बरसाती में। जहां मुझे रात को रोज भयानक सा सपना तो आता है कि मैं एक के बाद एक कमरा साफ करने में लगी हूं क्योंकि काम वाली ने इतने कम पैसों में काम करने से मना कर दिया है। पूरे दलान और पौधों की देखभाल करते-करते मैं औंधी हो गईं हूं पर जब आँख खुलती है कि मैं अपनी इस दो कमरों की छोटी सी बरसाती में हूं तो सुकून मिलता है। पूरी जिंदगी में पहली बार मैं इस घर में बिना चिंता के सोकर उठी क्योंकि मुझे ना सफाई कि टेंशन थी और न इस बात की चिंता की काम वाली नहीं आई तो क्या होगा? क्योंकि मैं जानती हूं कि अब ये घर मेरे हिसाब से इतना है कि मैं अकेले इसकी देखभाल कर सकती हूं। छोटे-छोटे प्यारे से गमलो में लगे पौधे। प्यारी सी हर आरामदायक कम समान की मेरी किचन। मेरी किताबें और मेरा आरामदायक बेड और बाथरुम तो देखोगो तो एकदम फाइवस्टार होटल जैसा है। मेरी इस दो कमरों की बरसाती में मेरे सुख की हर एक चीज़ है।

ड्राइंग रुम भी इतना सुंदर है कि मैं इसे अपना ड्रीम हाऊस कहूं तो ग़लत नहीं होगा।

एक बात बताऊं...बच्चों मुझे लगा कि कोई भी इंसान जब तक अपने सुख के बारे में नहीं सोचता तो उसके बारे में भी कोई नहीं सोचता। मैंने भी कभी नहीं सोचा और यही सोचती रही कि अगर इस घर को मैंने बेचा तो तुम दोनों क्या कहोगे...लोग क्या कहगें। पर इस घर को संभालती...संभालती मैं औंधी हो चुकी थी और जब मन में ख़्याल आया कि मैं इसी घर में एक दिन मर गई तो...जब तक मेरे शरीर से बदबू नहीं आनी शुरु होगी तो लोगों को तो पता भी नहीं चलेगा कि यहां कोई लाश पड़ी सड़ रही है। बस उसी दिन मैंने इसे बेचने की सोच ली। अगर इस घर की यादों का बोझ तुम लोगों पर भी ज़रा सा होता तो शायद मैं ये क़दम ना उठाती। पर ये यादें मेरे दिल-दिमाग और आर्थिक हालत को बदतर कर रहीं थीं। मैंने इन यादों को उस बक्से से, उन दीवारों से, उस आंगन से, उस पेड़ से उस झूले से निकालकर अपने ज़ेहन में रखकर उसे बेच दिया। और मुझे लगता है कि वो पैसा जो तुम लोगों को मैंने भेजा है तुम्हें बुरा नहीं लगा होगा और जो पैसा मेरे पास है वो मेरे मरने के बाद तुम्हारे पास ही तो जाना है। मेरा तो गुजारा सिर्फ उसके इंटरस्ट से हो जाता है। जानते हो बच्चों उम्र के साथ-साथ अपने मोह-माया और समान को जितना कम कर सको कर देना चाहिए। ईश्वर ने भी इस शरीर को इसी तरह बनाया है। जब बच्चे से बड़े होते हैं तो वो दांत, बोलने की शक्ति, एनर्जी, दिमाग़, सब चीज़े बढ़ाता चलता है। और जैसे...जैसे उम्र घटने लगती है तो ईश्वर सारी चीज़े गिराने लगता दांत, बाल, शरीर। ये ईशारा होता है कि अब समान समेट लो भई...अब जाने का वक्त आ गया है। तो किस बात के मोह के साथ हम इतने बड़े-बड़े घर संभाले रहते हैं। और बुढ़ापे की दहलीज़ पर इतने बड़े घरों के चौकीदार बनकर रह जाते हैं। और एक दिन अख़बारों की सुर्खियों में अपनी लाश को पाते हैं। और लोग ऐसे बूढ़ों पर तरस खाते हैं

और उनकी संतानों को गालियां देते हैं। पर मैं खुश हूं कि मैंने ऐसा मौका ही किसी को नहीं दिया। मैं आज अपने घर का एक-एक लम्हा जी रहीं हूं बिना किसी चिंता के परेशानी के। हां तुम लोग कभी इंडिया आओ तो मेरे छोटे से घर में तुम्हारा स्वागत है। छोटा है पर फाईव स्टार से कम नहीं है।

– तुम्हारी माँ

6

साड़ी सलमा सितारों वाली

मोहल्ले वालियों ने सुनहरी के मुंह पर साफ़-साफ़ कह दिया "सुनहरी लगेगा तो तूझे बुरा, पर तेरी लड़की में शादी करने के लक्षण नजर आते ना हैं।"

"अरे एक से एक रिश्ता आया है तेरे घर पे खुद चल के। पर पता नहीं क्या कह देती है तेरी छोरी के वो बेचारे भागते ही नज़र आते हैं।"

"अरी पूछियो तो सही अपनी बेटी से चाहती क्या है?"

सुनहरी ज़मीन में सिर गड़ाए मोहल्ले वालों की सुनती। कहती भी क्या? जब उसे खुद नहीं पता था कि मुन्नी चाहती क्या है। जब भी पूछती कि

"मुन्नी तू, ऐसा कह क्या देती है लड़के की माँ को जो आती तो बलाएं लेते हुए है पर जाती माथा पिटते हुए हैं।"

मुन्नी जवाब में कहती कुछ नहीं थी पर हंसने लगती...।

मोहल्ले वालों ने तो मुन्नी और उसकी माँ के आगे हाथ जोड़ लिए थे कि भई बेचारी देखकर हम मदद कर रहे थे कि दोनों अकेली हैं। इत्ते साल से हमारे मोहल्ले में रह रहीं हैं तो पड़ोसी होने के नाते हमारा भी कोई फ़र्ज़ बनता है। अब इसे पड़ोसी होने का फ़र्ज़ कह लो या दिल मिले हुए हैं उसकी ख़ातिर कह लो। लोगों ने तो इतना तक कह दिया कि

"मानो ना मानो लड़की को कोई पसंद है...तब ही तो अच्छे से अच्छा रिशता भगा देती है।" बेचारी सुनहरी सबकी सुनती क्या करती। अब वही उसके हितैषी थे।

ये समाज की सोच है जो इसके आगे सोच ही नहीं सकती। वैसे हम भी कहां सोच सकते हैं। अगर ऐसा नहीं है तो, लड़के वाले की माँ, मुन्नी का हाथ मांगने खुद आती और सुनहरी के आगे हाथ जोड़ के कहती

"हमारा तो भाग्य होगा कि मुन्नी हमारे घर की बहू बने इतनी सुंदर, सुलझी और हूनरमंद लड़की आज के ज़माने में मिलती कहां है?"

पर मुन्नी से बात करते ही घर से ऐसे निकलती जैसे किसी ने उसके पीछे बम्ब बांध कर उसके पलीते में आग लगा दी हो...। सुनहरी भी अब लोगों की बातें सुन-सुनकर तंग आ चुकी थी। उसने अपनी आखिरी कोशिश भी कर कर ली ये पूछ कर की..., "अरी कोई है तो बता क्यों नहीं देती। अगर तुझे पसंद है तो मुझे क्या ऐतराज़ होगा"

मुन्नी हंस के कहती

"माँ तू कह रही है ये...इत्ती फुर्सत मिली है कभी मुझे कि मैं लड़का पसंद करुं और आस-पास कोई है जो मुझे पसंद आएगा। पर ये पक्का है कि मुझे जो भी लड़का मिलेगा ना वो समझदार जरुर होगा।"

सुनहरी अपनी तार-तार हुई ऊंगलियों पर दवाई लगाते हुए कराहती। ऐसा लगता जैसे मुन्नी की बेतुकी बातों और मोहल्ले वालों की उल्टी सीधी बातों के दर्द से कराह रही हो।

सुनहरी का छ महीने पहले तक अपने काम में अच्छा ख़ासा नाम था। सलमा-सितारों वाली साड़ी में हाथ का काम तो बस सुनहरी के हाथों का ही होना चाहिए। जो हाथ के काम की परख रखते थे। वो सुनहरी के काम की क़ीमत भी जानते थे। इसलिए सुनहरी के काम को पहचानने वाला और उसको लेने वाला एक अलग ही तबका था। बाकी फैशन के नाम पर मार्किट में कचरा तो बिक ही रहा है...।

पर इस तारीफ़ और अपने हाथ के काम की बहुत भारी क़िमत चुकानी पड़ रही थी सुनहरी को। 20 साल के इस काम ने सुनहरी के हाथों को सुईयों से छेद...छेद के छलनी कर दिया था। जब

सुनहरी अपने पति को पांच बार गर्भवती और पांच बार गर्भपात कराने के बाद छठी बार भी लड़का नहीं दे पाई तो अपने पेट में अपनी मुन्नी को लेकर दिल्ली भाग आई। उन चिट्ठीयां के सहारे जो दिल्ली से उसकी सहेली ने लिखीं थीं। उसने दिल्ली के बारे में बहुत कुछ लिखा था। और बहुत मिन्नतें-गुहारें की थीं कि तू जरुर आना फिर हम लालकिला, कुतुबमीनार, इंडियागेट देखने जाएगें। तू घूमने की चिंता नहीं करना ये सारा इंतजाम कर देगें। गाड़ी करा देगें और हम सारा दिन मज़े करेगें। पर जब उस पते पर सुनहरी पहुंची तो देखा कि कोई अस्थियों का पिंजर सामने खड़ा है। जिसमें अपने को संभालने की हिम्मत नहीं थी तो वो सुनहरी को क्या सहारा देता। सुनहरी अपनी क़िस्मत को कोसते हुए गांव वापस जाने के लिए स्टेशन पहुंची तो कुछ नज़रों ने उसे खा जाना चाहा पर क़िस्मत अच्छी थी कि पुलिस ने उसे बचा लिया और उसे किसी एनजीओ में भेज दिया। वहां बहुत सारे कामों में से उसने हाथ की कढ़ाई का काम सीखाना शुरु किया। सीखाने वाली बहनजी ने सुनहरी को मना भी किया था

"अब मशीनों पर काम होता है। हाथ का काम करने वालों के हाथ एक समय पर जाकर इतने खराब हो जाते हैं कि वो खाना खाने से तो छोड़ो हर काम से भी मोहताज़ हो जाते हैं।"

पर सुनहरी को तो तारीफ़ का ऐसा चस्का चढ़ा कि उसने सिर्फ हाथ का ही काम किया। इस एनजीओ ने उसे बहुत सहारा दिया। उसकी मुन्नी भी यहीं पैदा हुई और जब मुन्नी तीन साल की हो गई तो सुनहरी ने पुरानी दिल्ली के पास एक मोहल्ले में बाथरुम सहित कमरा किचन ले लिया। ये सारे काम मोहम्मद ही ने कराए थे। सालों से सुनहरी के लिए काम लाने और ले जाने का काम वही करता था। सुनहरी से अब उसका मुंह बोले भाई का रिशता बन गया था।

सुनहरी को कढ़ाई का काम करने में सुकुन महसूस होता था। वैसे तो वो हर साड़ी पर दिल से ही काम करती थी पर जब दुल्हन

का जोड़ा आता तो वो दिल के साथ-साथ अपनी जान भी लगा देती। भूख-प्यास दूर खड़ी देखती कि सुनहरी की आँखे उन्हें भी देखेगीं पर सुनहरी की आँखे तो सिर्फ सलमा सितारों पर ही टिकी होतीं। हाथ उन्हें नए सा नया रुप देने में लगे रहते थे। मज़ाल की उसकी आँखों और सुई से एक भी सितारा इधर से उधर हो जाए। दुल्हन की माँ के मुंह से सुनहरी के लिए तारीफ़ो के पुल बंध जाते...

"सुनहरी इस साड़ी में सलमा-सितारे नहीं तेरी नीयत है, तेरा प्यार, तेरी ख़ुशी, तेरा आशीर्वाद दिखाई देता है। वरना मार्किट में इससे भी मंहगे-मंहगे जोड़ें हैं पर उनमें वो बात कहां जो तेरे हाथ के बने हुए जोड़े में होती है।"

सुनहरी अपनी तारीफ़ सुनकर मुस्कुरा देती। वो दुल्हन की साड़ी को देख अपनी मुन्नी के लिए भी शादी के जोड़े की कल्पना करती कि वो अपनी मुन्नी के लिए भी शादी का ऐसा नायाब जोड़ा बनाएगी की दुनिया देखती रह जाएगी।

तो जैसे ही मुन्नी ने दसवीं पास की तो सुनहरी ने हिसाब लगाया कि वो एक साड़ी काढ़ने में पूरा एक महीना लेती है। और वो भी तब जब पूरे अठाहर घंटे दिन के दे। पर मुन्नी की साड़ी काढ़ने के लिए उसके पास समय ही कहां होगा तो उसने तय किया कि रोज एक घंटा मुन्नी की शादी का जोड़ा काढ़ेगी तो आराम से चार पांच साल में तैयार हो...ही जाएगा। पर ये बात वो मुन्नी को बताएगी नहीं। बस शादी वाले ही दिन दिखाएगी उसकी शादी का जोड़ा। जिसे देखकर मुन्नी की भी आँखें चमक जाएगीं कि उसकी ग़रीब माँ ने क्या ज़बरदस्त तोहफ़ा दिया है उसे। तो रोज रात को मुन्नी के सोते ही वो अंधेरे में बैठ अपने इस सपने को पूरा करने लगी।

इतने घंटे काम करने के बाद उसके हाथों में इतनी हिम्मत बचती ही कहां थी तो वो कुछ देर में थक जाती। इतने सालों से

काम करते-करते उसके हाथ भी छलनी होने लगे थे। डाक्टर ने भी कह दिया था कि

"सुनहरी तुम्हारी ऊंगलियां गहराई तक छिद गईं हैं। इन्हें जब तक आराम नहीं मिलेगा ठीक नहीं होगीं।"

पर सुनहरी के पास टाईम ही कहां था ये सब सुनने का। उसे कमाना भी तो था जिससे बुढ़ापे में वो आराम से रह पाए। काम के बाद रात को ऊंगलियों पर जब टिंचर लगाती तो दवाई चीस मारती और मुन्नी ताने।

"बस बहुत कमा लिया तूने माँ। अब बंद कर अमीर होना। मुझे नहीं करनी मंहगी वाली शादी। एक दम सादी सी, सवा रुपये वाली शादी जो करेगा। उससे ही शादी करुंगी तो तू बस कर अब काम करना।"

सुनहरी डाक्टर को पागल कह कर अपने काम में लग जाती। इस पर घाव बेचारे क्या करते वो तो चाहते थे ठीक होना पर सुनहरी मौक़ा दे तो। घाव अंदर ही अंदर फैलने लगे। और एक सुबह सुनहरी का हाथ सुई को चुपचाप देखता रहा पर सुई को उठा नहीं पाया। मोहम्मद साड़ी लिए सुनहरी के दरवाज़े पर खड़ा रहा पर सुनहरी के हाथ उस काम को लेने के लिए बढ़ ही नहीं पाए। वो सोचता रहा कि सुनहरी के भाव बढ़ गए हैं उसने वो भी बढ़ाने की कोशिश की पर सुनहरी ने उसे वापिस लौटा दिया।

सुनहरी उदास हो गई...। उसके घर में सलमा-सितारों ने जगमगना छोड़ दिया। और सुनहरी ने हंसना। मुन्नी अपनी माँ के दर्द को समझती थी कि उसकी माँ ने एक अंजाने शहर में अपनी एक छोटी सी पहचान बनाई थी। जो अब खो जाएगी। कुछ दिन जरुर लोग याद रखेगें, बातें भी करेगें...कि काम तो सुनहरी का बोलता है फिर धीरे-धीरे लोग भूल जाएगें कोई उससे बेहतर आएगा या मशीनें तो है हीं। कुछ दिनों तक सुनहरी गुमसुम रही। मुन्नी ने भी नहीं छेड़ा उसे कि चलो दो-चार दिनों में अपने आप

ही ठीक हो जाएगी। पर एक दिन कुछ सिसकियों ने मुन्नी को जगा दिया जो एक माँ की सिसकियां थीं। मुन्नी की माँ की...। जो रसोई के कोने में एक साड़ी को पकड़े निकल रहीं थीं। मुन्नी की निग़ाह जब साड़ी पर पड़ी तो वो माँ का रोना भूल गई। साड़ी को हाथ में लेते हुए बोली,

"माँ ये साड़ी...इतनी सुंदर साड़ी...तूने काढ़ी है...इसे पहन के तो दुल्हन महारानी लगेगी...कितनी सुंदर साड़ी है माँ...। इस साड़ी को तो लोग दूर-दूर से देखने आएगें माँ...तेरा तो ये मास्टर पीस है मां।"

ये सुनते ही सुनहरी का रोना फूट पड़ा और बच्चों की तरह रोते हुए ही बोली "अरे ये किसी मास्टर-वास्टर का पीस नहीं है...ये तेरे लिए है...ये तेरा जोड़ा है शादी का जो मैं चार साल से बना रहीं हूं।"

मुन्नी की तो ख़ुशी का पारावार ही नहीं रहा। उसने उछल कर उस साड़ी को अपने ऊपर ओढ़ते हुए कहा,

"माँ तू तो यार बड़ी टैंलिटड है...वाह कितनी सुंदर साड़ी है। ये तू बेच दे ना तो मालामाल हो जाए अभी के अभी।" सुनहरी ने साड़ी मुन्नी के हाथ से छिनते हुए दो चार गालियां दीं। साड़ी को हाथ में लेते ही उसकी चीख निकल गई क्योंकि घावों को उसका साड़ी छूना पसंद नहीं आया था। सुनहरी ने घावों की सुनी नहीं और मुन्नी को गालियां निकालती रही,

"अरी कमबख्त, आज तक मैंने किसी भी दुल्हन के जोड़े पर कभी दाम नहीं बोले और तेरा जोड़ा बेच दूंगी। आग लगे तेरे मुंह को। चल परेशान मत कर सो जा जाके।"

"क्यों सो जाऊं, तू रो क्यों रही थी ये तो बता।"

मुन्नी ने साड़ी को लेकर फिर से निहारा,

"अरे बता तो, रो क्यों रही थी। शरमा मत बता दे तेरी ही बेटी हूं। अच्छा ये सोच के रो रही थी कि मैं विदा हो जाऊंगी तो तूझे खाना कौन खिलाएगा। तेरे हाथों में दवाई कौन लगाएगा।"

मुन्नी का साड़ी से जी नहीं भर रहा था। साड़ी थी ही ऐसी तो मुन्नी ने फिर साड़ी अपने ऊपर लगा के शीशे में देखा।

"अरे इससे अच्छा माँ मेरी जगह लड़का होता ना तो अच्छा रहता। बहू आती तेरी सेवा करती। मैं तो विदा होके चली जाऊंगी।"

मुन्नी ने साड़ी को अपने ऊपर पूरी तरह से लपेट के इतराते हुए शीशे में देखा तो उसका मुंह खुला का खुला रह गया। वो हैरानी से चीखी...

"माँ"......वो ये कहते हुए पीछे मुड़ी माँ ने नज़रें झुका ली..."माँ पल्ला......"

सुनहरी ने अपने पल्लू से आँसू पोंछे। मुन्नी ने अपनी माँ के गले लगते हुए कहा,

"अब माँ लड़का ढूंढ ही दे मेरे लिए ये साड़ी देखके तो दिल कर रहा है कल ही शादी कर लूं...।" ये सुनकर सुनहरी को हंसी आ गई।

यही तो बार-बार सुनहरी सोच रही थी कि तुरंत शादी करने वाली उसकी मुन्नी ऐसा कर क्या रही है कि जितने भी लोग रिशता लेकर आए वो मुन्नी से बात करने के बाद गुस्से में माथा पीटते हुए गए हैं।

इन बातों ने तो सुनहरी को और चुप करा दिया था। एक तो हाथों से लाचार ऊपर से इस लड़की के कारण मोहल्ले में जीना हराम हो रहा था। सब एक ही सवाल पूछते थे कि "ये लड़की चाहती क्या है?"

सुनहरी अपनी सोच में ऐसे डूबी हुई थी कि उसको पता ही नहीं चला कि कोई दरवाजा खटखटा रहा है।

"आई...आई"

कहते हुए सुनहरी दरवाजे की और भागी। दरवाजा खोला तो देखा कि सामने राजेश्वरी जी खड़ी थीं। जो अभी कुछ दिन पहले

मुन्नी का रिश्ता अपने बेटे के लिए लाईं थीं। साथ एक जवान लड़का था देखने से तो उनका ही लग रहा था। मोहम्मद, पड़ोस की सकीना, रामजोई और दरबान राम, रामकिशोर भी उनके पीछे खड़े थे। सब ही थे। घर के बाहर बड़ी सी गाड़ी खड़ी होगी तो अड़ोस-पड़ोस तो जुड़ेगा ही। सुनहरी अभी समझे...उससे पहले ही लड़के ने सुनहरी के पैर छू लिए...लड़के की माँ ने कहा,

"अजी हम बिना बताए आ गए...पर क्या करें जब मैंने आपकी बेटी की शर्त अपने बेटे को बताई तो इसने ठान ली कि शादी करेगा तो इससे ही करेगा"

"शर्त?"...

सुनहरी ने हैरानी से कहा...,

"मुन्नी ने कोई शर्त रखी थी।"...

छत पर आराम से बैठकर पढ़ रही मुन्नी के कान में ये शोरगुल जरा देर से पड़ा। उसने जब छत से नीचे झांका तो उसे समझते हुए देर नहीं लगी की कि आ गई उसकी शामत। मां छत से मारती हुई लाए उससे पहले ही वो सीढ़ियां उतर जाए तो अच्छा है। मुन्नी चुप से उस भीड़ में आकर खड़ी हो गई।

"मुन्नी...मुन्नी ये क्या कह रहीं हैं? तूने कोई शर्त रखी है इनके सामने?"

मुन्नी कुछ नहीं बोली और सिर झुकाए खड़ी रही। लड़के ने आगे बढ़ के मुन्नी से कहा,

"मुझे आपकी शर्त मंज़ूर है कि आप अपनी शादी में अपनी माँ के हाथ की बनाई हुई साड़ी ही पहनेगीं।"...मुन्नी की बांझे खिल गईं। वो एक दम चीख पड़ी "सच्ची।"

राजेश ने भी सिर हिला के कहा,

"हां बिल्कुल सच्ची।"

सुनहरी ने उनकी बात में अपनी आवाज़ मिलाई,

"तेरा दिमाग तो नहीं चल गया मुन्नी। तू वो साड़ी पहनेगी जिसका पल्ला नहीं कढ़ा और दो साल तक तो मैं सुई को हाथ भी नहीं लगा सकती...।"

तभी बीच में राजेश की माँ बोली,

"हां इसने कमरे में ले जाकर यही विनती की थी कि मैं शादी में अपनी माँ के हाथ की कढ़ी यही साड़ी पहनूंगीं। पर इसका पल्ला तैयार नहीं है। तो आपको बुरा तो नहीं लगेगा। मैंने तो उस वक्त सिर पीट लिया कि ये तो सारी जमात के समाने हमारी बेइज़्ज़ती करा देगी। पूरी साड़ी इतनी सुंदर कि सबके मुंह खुले के खुले रह जाएगें इसे देखकर और पल्ला खाली...। जो की ये छिपाना भी नहीं चाहती उसे दुनिया को दिखाएगी। तुम्हीं बताओ कितनी बेइज्जती होगी ये सोचकर की ये लड़की तो बावली है। मैं तो भई निकल ली अपना सिर पीटकर...। पर जब मैंने अपने बेटे को बताया तो उसने इस बात की प्रशंसा की और तय कर लिया कि मुन्नी वही साड़ी पहनेगी। जिसका पल्ला नहीं कढ़ा...। और दुनिया कुछ भी कहे फ़र्क नहीं पड़ता।"

इतना सुनते ही सारे लोग हंसने लगे। मोहल्ले वाले जो इतनी बातें मुन्नी के बारे में कर रहे थे वो भी खिसियानी हंसी हंस रहे थे कि मुन्नी की शर्त बस इतनी थी कि वो अपनी माँ के हाथ की कढ़ी साड़ी पहनेगी पर उसका पल्ला नहीं बना...चलेगा...। पर इस बेतुकी सी शर्त सुनकर कौन रुक पाता सब गाली देकर ही भागते कि बावली है...। आख़िर उनकी बिरादरी में इज़्ज़त का सवाल जो था।

राजेश-मुन्नी की शादी थी। सबने मुन्नी के दुल्हन के बेहतरीन जोड़े को देखा। कुछ ने कुछ सोचा, कुछ ने कुछ, पर सुना है सुनहरी के पास बहुत सारी साड़ियों की डिमांड आई की जब हाथ ठीक हो जाएगें तो आप हमारी भी साड़ी काढ़ना पर पल्ला वैसा ही रखना जैसा अपनी बेटी मुन्नी की साड़ी का रखा था।

7

टांग फटे में क्यों अड़ाई

अखबारों में कुछ समय से जतिन मदान का नाम छाया हुआ था। जतिन मदान कोई बड़ी हस्ती नहीं था बस एक सफल इंसान था। दस सालों में उन्होंने अपने खेती के हूनर को कहां से कहां पहुंचा दिया। छोटी सी जगह में भी इतनी ख़ूबसूरती से फल-सब्जी उगा देते थे कि महिलाएं जतिन और उनके इस हुनर की फैन थीं। महिलाओं का कहना था कि जतिन मदान वो करिशमाई माली हैं की वो सूखे पौधों को एक निगाह देख भी लें तो पौधों में जान आ जाती है वो खुशी से लहराने लगते हैं।

जतिन ने अखबारों में अपनी तारीफ़ पढकर एक ग़हरी सांस ली और दीया को आवाज़ लगाई,

"अरे यार इस भूमिहर को भी कोई आज चाय पिलाएगा"

दीया मुस्कुराती हुई चाय की ट्रे लेकर हाज़िर हो गई...।

"मैं भी यही सोच रही थी कि इतनी देर हो गई पर मेरे भूमिहर की आवाज़ नहीं आई..."

"और मैं सोच रहा था कि आज तो मैं सेलिब्रेटी हूं तो बिना कहे ही आवभगत होगी?"

"हाहाहाहा" दीया ने भूमिहर यानी जतिन की ट्रे में रखे उसके फेवरेट पारले जी के सारे बिस्किट उठाकर खा लिए।

"अरे यार इन सारे न्यूज़पेपरो को कोई आग लगा दो। ये भी मेरी मेरे घर में इज़्जत नहीं बना पाए"

जतिन ज़ोर से चिल्लाया...और अपने पारले जी के बिस्कुटो को दीया से छिनने की नाकामयाब कोशिश करने लगा...।

पर अचानक से बज उठी फोन की घंटी ने इस मिशन में दोनों को ठिठका दिया। फोन पर फ्लेश होते बॉस शब्द को देखकर वो दोनों गूंगों की तरह बातें करने लगे। दीया ने ईशारे से कहा उठाओ। जतिन ने मना किया नहीं मैं नहीं उठाता तुम उठाओ।

और दोनों की इस बहस में फोन बज-बज के थक गया और कट गया।

“तुमने फोन उठाया क्यों नहीं?”

“पता नहीं, दीया मुझे आज भी लगता है जैसे वो मुझसे वैसे ही बात करेगा जैसे पहले करता था। मेरी नौकरी लेने के बाद,

“मिला कोई और रास्ता...बेटा दूसरों को ज्ञान देना आसान है ढूंढो...ढूंढों रास्ता सफलता का रास्ता। हम इंतज़ार कर रहे हैं।” जतिन ने अपने बॉस की एक्टिंग करते हुए कहा।

“जतिन पर आज तुम एक सफल इंसान हो...और आज तुम्हारे पास जवाब भी है कि तुमने अपनी बात को सही साबित किया है...मेरे विचार से तो तुम्हें अपने बॉस को फोन करके थैंक्यू जरुर करना चाहिए। उसके कारण ही तुम इतना बड़ा काम कर पाए।”

जतिन ने हंसते हुए कहा, “हां ये तो है...वैसे थैंक्यू तो मुझे मुराद को भी कहना चाहिए जिसके फटे में मैंने टांग अड़ाई थी...?” ये कहकर दोनों ज़ोर से हंस पड़े...

और दीया...ने हंसते हुए कहा,

“वैसे तुमने टांग अड़ाते हुए सोचा था कि बॉस ने सुन लिया तो क्या होगा?”

“अरे कहां मैं तो...जैसा सब कहते हैं वैसे ही कह रहा था...कि यार बॉस ने नौकरी ली है, कोई किस्मत थोड़ी ले ली, हो सकता है इससे बेटर ऑप्शन तेरा इंतजार कर रहा हो...यू नेवर नो?”

जतिन के इस डॉयलॉग पर सचिन उनके 26 साल पुराने बेटे ने एंटरी ली...“मुझे पता था मेरे दो अनमोल रतन अपने नन्हें-मुन्हें से खेत में आज अपनी पुरानी यादों को ताज़ा कर रहे होगें ठंडी होती चाय के साथ।

"अरे यार ये तो सच में ठंडी हो गई" जतिन ने चाय का घूंट भरते हुए कहा...।

सचिन ने हंस कर कहा, "आपकी बातें इतनी गर्मा-गर्म चल रहीं थीं कि चाय ने सोचा इन बातों में मेरी गर्माहट की क्या औक़ात।"

दीया ने सचिन को ट्रे पकड़ाते हुए कहा, "फालतू की बातें मत बनाओ और जाओ हम दोनों के लिए गर्मागर्म चाय लेकर आओ... एसपेस्ली फॉर योइर फादर, ही इज़ सेलिब्रेटी नॉओ..."

सचिन ने कुर्सी पर अपने पैर फैलाते हुए कहा...

"ना बाबा...अम्मा अब मैं वो सचिन नहीं रहा जो आप लोगों का बंधुआ मजदूर था। अब मैंने अपने लिए भी एक बंधुआ मजदूरनी रख ली है। वो आ रही है चाय लेकर"

सामने से आती सचिन की गर्लफ्रेंड को देखकर दीया मुस्कुराई।

ये थी अरविका...बेहद ख़ूबसूरत और अपने इलेक्ट्रानिक मीडिया के करियर की सफलता के बाद। सब छोड़-छाड़कर लड़की ने प्रिंट मीडिया में काम करने की शुरुआत की थी। अरविका का कहना था कि प्रिंट मीडिया में कभी तो अपने मन का करने का मौका मिल जाता है। वरना इलेक्ट्रानिक मीडिया ने तो रोबोट बना कर रख दिया था।

अरविका इस घर की मजेदार कड़ी थी जो सचिन के बाबा यानी जतिन पर एक फ़ीचर लिखना चाहती थी। तो उसने इस घर के इतने चक्कर लगाए कि जतिन तो अरविका के हाथ नहीं आया पर सचिन को अरविका ने पूरी तरह से शीशे में उतर लिया। और जब जतिन ने सुना कि वो ससुर बनने वाला है अरविका का, तो उसने अपनी सफलता की कहानी सुनाने से बिल्कुल ही मना कर दिया। ये सोचकर कि अरविका क्या सोचेगी उसकी आपबीती सुनने के बाद कि किस तरह से उसके ससुर ने किसी के फटे में टांग अड़ाई

और कैसी मुंह के खाई...। और इस बात पर तो वो जरुर हंसेगी कि उसे नौकरी से निकालने पर किसी ने फेयरवैल भी नहीं दी थी। जतिन मदान को खुद अब इस बात पर हंसी आती थी। और अब ये भी अजीब लगता था कि उसने ऐसा किया क्या था जो अख़बार वाले उस पर ख़बरे छाप रहें। चैनल उसकी स्टोरी दिखा रहे हैं। और अरविका हिंदुस्तान के लिडिंग पेपर में पूरा फ़ीचर लिखना चाहती है। जतिन ने उसे कई बार वैसे बताया था कि इसमें बताने को है क्या। मैं नौकरी से निकाला गया एक सॉफ्टवेयर इंजनियर ही तो था। कोई काम नहीं था। घर में बैठे-बैठे बोर होता तो गार्डिनिंग शुरु कर दी। अब वो शौक़ मेरा काम बन जाएगा ये कभी सोचा ही नहीं था।

अरविका ठहरी एक ज़माने की एग्रेसिव जर्नलिस्ट तो वो कहां जल्दी से पीछा छोडने वाली थी। उसने जतिन के सारे कामों को अपने फोन के कैमरे से...बिहाइंड द सीन जो-जो जतिन ने काम किए थे वो सारे दिखा दिए। इस बात से तो जतिन और भी डर गया और उसने अरविका से कन्नी काट ली वो भी पूरी तरह से...। पर आज शायद जतिन अपने ही मूड में था।

वैसे ये बात अरविका को भी कहां पता थी कि सचिन के डेड आज मूड़ में हैं तो आज वो अपनी कहानी सुना ही देगें। अरविका ने चाय की ट्रे, टेबल पर रखते हुए कहा, "अंकल चाय बढ़िया बनी है आपके मतलब की।"

दीया ने अपनी होने वाली बहू को लगते हाथ लिया, "ये सही है बेटा अंकल सब कुछ हम कुछ नहीं।"

अरविका ने दीया को हाथ जोड़ते हुए इशारा किया कि "आंटी आज अंकल मूड़ में हैं आज बात हो गई तो मैं स्टोरी कर सकूगीं"

अरविका ने जतिन के हाथ में चाय देकर कहा अंकल लिजिए ना...

जतिन ने हाथ में चाय लेकर कहा, "पता है अरविका, जिस दिन मैंने अपनी नौकरी छोड़ी थी।"

ये कहकर जतिन कुछ सैंकण्ड रुका और दिया की ओर देखा तो दोनों हंस पड़े। दिया ने कहा,

"सच बता दो...नहीं होगी बेसती। बच्चे अब बड़े हो गए हैं। समझदार भी हैं।" पर अरविका ने टोका

"एक मिनट...एक मिनट आंटी ये बेसती क्या होता है" इस प्रशन पर तीनों ज़ोर से हंसे। तो सचिन ने कहा, "अरविका है तो ये वास्तव में बेइज्जती पर बेसती कहने पर जो बेसती फील करने का मज़ा है ना वो बेइज़्ज़ती में नहीं है। तुम भी कह कर देखना किसी को तेरी बेसती हो गई।"

अरविका ने इस शब्द को दो तीन बार दोहराया बेसती...बेसती तेरी बेसती हो गई...आ रही है फिलिंग...गुड थैंक्यूं यार ये फैमिली कितनी क्रिएटिव है। और अंकल आप कहते रहे हो कि चार साल में मैंने किया ही क्या है ऐसा जो अखबार में मेरे ऊपर पूरा फिचर लिखा जाए। "तेरी बेसती हो गई...गुड"

इस शब्द का रिविज़न किया पर जतिन ने सचिन को घूर कर देखा कि अबे इसे चुप भी करा। सचिन अरविका को कुछ कहे इससे पहले अरविका बोली,

"हां अंकल आप कह रहे थे कि आप को जब नौकरी से निकाला...फिर आंटी ने टोक दिया था। प्लीज यू कंटिन्यू...रिकार्डर ऑन करती हूं।"

जतिन ने बात फिर शुरु की

"बात रुक गई थी क्योंकि मैंने नौकरी छोड़ी नहीं थी। मुझे नौकरी से निकाला गया था। पता है उस दिन दिल कर रहा था कि मैं घर ही ना जाऊं या तो कोई ट्रक टक्कर मार दे या कहीं से कोई

उड़ती हुई गोली आकर मेरे प्राण पखेरु ले जाए और मैं उस सुकून वाली खाट पर लेटकर अपनी सारी जिम्मेदारियों से मुंह छिपा लूं।"

खाट...सुकून वाली खाट सुनकर अरविका ने दोहराया...

सचिन ने हंस कर कहा, "अरे जिस पर डेडबॉडी ले जाते हैं... उसे बाबा सुकून वाली खाट कहते हैं।"

अरविका हैरान थी। पहली बार सुन रही थी वो किसी से इस तरह,

"पर कैसे अंकल? वो कैसे सकून वाली खाट हो सकती है। चारों ओर मातम होता है अंकल,...सुकून कहां?"

सचिन ने अरविका को टोका, "मेडम जिस बात के लिए इतनी मेहनत करके चाय बनाई है वो पूछ लो वरना इसी खाट के चक्कर लगाती रह जाओगी।"

"गुड...यू सेव माई लाइफ...ये कहानी फिर कभी...येस अंकल हां फिर क्या हुआ...जब आपने नौकरी छोड़ी?"

दीया...ने बीच में टांग अड़ाई...अरे यार नौकरी छोडी या..."

जतिन ने दीया को रोका क्या यार तुम भी टांग अड़ा रही हो..."

सचिन ने दीया का साथ देते हुए मज़े लिए, "क्यों सिर्फ आप ही टांग अड़ाने के मज़े ले सकते हो हम नहीं..." और ये कहकर सारे ठहाका लगाकर हंस पड़े...।

जतिन ने चाय की चुस्की ली "यार ये तो मेरी चाय फिर ठंडी कराएगें।"...अरविका को तो आज जैसे पूरी कहानी सुनकर ही उठना था...तो मस्के के अंदाज़ में बोली

"नो प्रोब्लम अंकल मैं फिर बना के ले आऊंगी...आप अपनी कहानी कंटीन्यू रखें...।"

"ये भी मस्त किस्सा है नौकरी छोड़ी नहीं थी किसी के फटे में पैर डाल दिया था तो गिरना तो था ही...तो गिर पड़ा.।."

अरविका ने हैरानी से कहा,

"पर अंकल आपको किसी के फटे में टांग अड़ाने की जरुरत ही क्या थी?"

इस बात पर जतिन, सचिन और दिया फिर ठहाका लगाकर हंस पड़े अरविका भी हंसी पर उसकी हंसी में और उनकी हंसी में बहुत अंतर था।

सचिन और दीया ने एक सुर मिला के कहा "ये तो हमें भी आज तक पता नहीं चला...।"

जतिन ने मासूमियत से कहा "पर इस कहावत का साक्षात् अर्थ समझ में आ गया। मेरे बाद से तो ये कहावत ही बदल गई। अब लोग फटे में टांग अड़ाना नहीं सिर्फ़ जतिन मदान कहते हैं और लोग समझ जाते हैं...।"

दीया ने हंसते हुए कहा "पता है अरविका...मुझे इनके आने का टाईम पता था तो उस दिन भी रोज़ की तरह चाय का पानी चढ़ा के इनके फेवरट बिस्कुट हुआ करते पारले जी...आज भी हैं...ओनली पारले जी बाकी ना जी...वो रखकर मैंने ख़ुशी-ख़ुशी दरवाज़ा खोला... साहब सामने खड़े थे। पैरों तक लंबा मुंह लटकाए। वैसे इनमें ये बात बहुत अच्छी थी कि जब परेशान होते तो पति नहीं बच्चे बन जाते थे। वरना परेशान पति खुद तो परेशान होता ही है साथ ही सबको भी परेशान करता है। इसे डांट उसे फटकार फिर खुद तो टीवी का रिमोट लेकर बैठ जाएगा और पूरा परिवार सोचता रहेगा कि यार क्या हुआ और बात करने यहां तक पानी पूछने से भी डरेगा। पर ये तो बालकॉनी में मुझे लेकर आए मेरे हाथ में चाय देकर बोले पी लो ना चाय। ऐसा पहली बार हुआ था...मैं इनकी शक्ल देखकर चाय पी गई...फिर इन्होंने खुद ट्रे किचन में रखी और मुझे कमरे में ले जाकर बिठाया और बहुत ही मासूमियत से बोले दिया मेरे बॉस ने मुझे नौकरी से निकाल दिया...।"

जतिन ने हंसते हुए कहा "और पता है अरविका, ये महारानी जी मेरी इस बात पर हंसने लगी...। जैसे मैंने अपनी नौकरी छोडने की नहीं संता के नौकरी छोड़ने की बात की हो।"

दीया ने हंसते हुए पूरी एक्टिंग करते हुए अरविका को दिखाया... पता है इन्हों‌ने मेरे हाथो को अपने हाथों में लेकर इस तरह से कहा, जैसे मुझे बता रहें हैं कि कि पापा ने शादी से मना कर दिया...। मैं इस बात पर नहीं हंसी थी कि इनकी नौकरी चली गई मैं इस बात पर हंसी थी कि ये कहते हुए बहुत क्यूट लग रहे थे।

जतिन ने बात आगे बढ़ाई "और उस दिन दीया की हंसी ने ये पक्का कर दिया कि पैसा नौकरी तो आनी-जानी है पर ये हंसी मेरे साथ हमेशा ऐसे ही रहेगी। फिर मैंने बिना रुके अपनी लाइफ स्ट्रेटजी बनानी शुरु की।

अरविका एकदम चिल्ला के बीच में बोली, "होल्डॉन...होल्डॉन अंकल...ये फटे में पैर अटकाना ये कहावत का क्या हुआ?"

"ओ...हां...हुआ ये था कि मेरे ऑफिस से बहुत से लोगों की छंटनी हो रही थी कंपनी घाटे में थी तो होनी ही थी। पर मेरे बॉस को मेरे काम पर पूरा भरोसा था तो मेरी नौकरी एकदम पक्की थी। मैं अपने काम में और मेहनती हो गया था। एक दिन पता चला कि मुराद को बॉस ने अपने केबिन में बुलाया है। वो मेरे से पांच साल जूनियर था। वो जब वापिस आया तो उसका चेहरा रुआंसा हो रहा था। सबको पता चल गया कि बॉस ने उसे रिजाइन देने को कह दिया है। अब उसके पास दो महीने बचे थे...उस बेचारे की महीने पहले शादी हुई थी। पांच लाख शादी में खर्च हुए थे। हनीमून वगैरह मिलाके बहुत सा कर्ज़ा उतारना था। उसकी रोती हुई शक्ल देखकर मैंने कहा,

"यार...जब बैस्ट ऑप्रर्चूनटी मिलनी होती हैं ना तो ऐसे ही ऑब्स्टेक्ल आते हैं...। और वो मेरी बात से कन्विंस भी हो रहा

था। पर फिर पता नहीं क्या बात याद आई और फिर उसका मुंह लटक गया। मैंने एक और फिलोसफी झाड़ी कि यार बॉस ने एक नौकरी ही तो छिनी है क़िस्मत थोड़ी छिन ली। वो नौकरी छिन सकता है क़िस्मत में आगे क्या मिलना है वो थोड़ी। मैं उसे जी जान से समझा रहा था और बॉस मेरे सिर पर खड़ा है। ये किसी ने मुझे नहीं बताया। बॉस की शक्ल देखी तो मैं अंदर तक हिल गया और अपने दिमाग़ की पूरी मैमोरी हिला दी कि कहीं बॉस के खिलाफ़ मैंने कुछ ग़लत तो नहीं कह दिया। मैं तो शुरु से ही बॉस के खिलाफ बोल रहा था। उसने मुझे सबके सामने कहा जतिन मदान...ये फिलोसफी जो मुराद पर झाड़ रहे थे। इस पर विश्वास भी करते हो या कहने के लिए कह रहे थे। मैं चुप रहा। जो मेरा फ़र्ज़ बनता था। पर बॉस ने तय कर लिया था कि वो मुझसे इस बात का जवाब लेगा या मेरी नौकरी। बॉस ने फिर मेरा सवाल दोहराया कि बॉस ने नौकरी छिनी है क़िस्मत नहीं इसका मतलब क्या है? मैं बॉस को चुपचाप सुनता रह। पर बॉस तो जैसे मेरी इज़्ज़त के साथ खेलने की ठान ही चुका था तो मुझसे भी नहीं रहा गया। और मैंने कह दिया,

"हां सर क़िस्मत तो सब की होती है। पता नहीं आगे कुछ और अच्छा लिखा हो। तभी मुराद के साथ ऐसा हुआ है। मैंने आपको दोष नहीं दिया।"

तो बॉस ने कहा

"ओके, यू विलिव इन फेट...देन यू रिजाइन...मुराद का रेजिगनेशन ये लो मैंने फाड़ दिया। तुम्हारी जगह अब मुराद काम करेगा।"

ये कहकर बॉस अपने कमरे में चला गया। बॉयगॉड ये सुनकर मेरे पैरों के नीचे से ज़मीन ख़िसक गई। मैं बॉस को जाते हुए देख रहा था। ऑफिस की सारी भीड़ छंट के अपने-अपने केबिन

की कुर्सियों पर जम गई थी। मुराद ने अपना समान मेरी सीट पर जमाना शुरु कर दिया था और जिस कुर्सी से मैं सटा हुआ खड़ा था। उसने उसको खींचते हुए कहा,

"यार...आए एम सॉरी"

पता नहीं ये सॉरी उसने मेरी नौकरी हाथ से चली गई इसके लिए कहा या कुर्सी के लिए कहा। मेरी कुर्सी पर बैठ कर उसने मेरा सिस्टम फार्मेट कर के कहा, "मैंने तेरा सिस्टम फॉरमेट कर दिया है"

सामने से चपरासी एक काग़ज़ लेकर आया,

"सर आपका रेजिग़नेशन लैटर।"

मैंने हैरान होकर देखा। क्योंकि अब तक तो मैं अपने को समझाने की कोशिश कर रहा था कि ये जो भी घटा है वो सपना नहीं एकदम सच है। हक़ीक़त है। तो मैंने अपना रेजिग्नेशन लैटर कब टाईप कर दिया। मैंने हाथ में लेकर देखा कि मुराद ने मेरा एक मिनट भी बर्बाद नहीं किया और अपने बने-बनाए रेजिग्नेशन लैटर पर मेरा नाम डाला और प्रिंट की कंमाड देदी...उसने मेरा सिस्टम फॉरमेट भी तो करना था। मन ने कहा वेरी स्मार्ट...मैं बॉस के कमरे में रेजिग्नेशन लेकर गया। सच में उस वक्त मेरी ऐसी हालत थी। जैसे मुझे मेरे पति ने बिना बताए तीन बार तलाक़... तलाक़...तलाक़ कह दिया हो...।

ये सुनकर सब हंस पड़े...जतिन खुद भी हंसा।

फिर जतिन ने सीरियस होकर कहा,

"हां इस वक़्त हंसी आ रही है। उस वक्त तो सारे घर के ख़र्चे घूम गए और दोस्त दुनिया की बातें कि "क्या कर रहा है और क्या हो गया। अब इस उम्र में कौन नौकरी देगा तुझे...?"

सचिन ग्यारह साल का था मंहगें स्कूल में पढ़ता था, गाड़ी, मकान की किस्तें। कभी किसी का बर्थ डे तो किसी की शादी-ब्याह...

के ख़र्चे। बॉस के कमरे में जब रेजिग्नेशन देने गया तो कुछ देर खड़ा रहा लगा कि वो कह देगा कि अरे तुम जैसे होनहार बंदे को हम खोना एफोर्ड नहीं कर सकते मैं तो मज़ाक कर रहा था। बैक टू वर्क। पर इसका उल्टा ही हुआ। बॉस ने मेरी तरफ देखा तक नहीं। बस कुर्सी के पीछे से आवाज़ आई रख दो। और जब मैं भारी दिल से अपना रेजिग्नेशन रख कर मुड़ा तो उसने कहा,

"तुम्हारी नौकरी छिनी है क़िस्मत नहीं। जब कुछ बन जाओ तो हमें भी चाय पर बुलाना। एक नौकरी भी मिल गई ना तुम्हें तो भी आ जाऊंगां चाय पीने। देखूं तो सही कि मेरी कंपनी का रेफरेंस लेकर तुम्हें कैसे नौकरी मिलती है।" यानी बॉस ने बता दिया कि बेटा मेरी कंपनी का नाम लेने की कहीं भी जरुरत नहीं है। इसका मतलब था मैं इतने साल से बेरोजगार था।

सचिन ने कहा इसका मतलब था कि आप की वो पहली और आख़िरी नौकरी थी।

अरविका वॉऊ अंकल इक जरा सी बात पर बरसों का याराना गया...।

दीया ने अरविका को दाद देते हुए कहा तुम तो हम को देख के रंग बदल रही हो...क्या सिचुएशन के हिसाब से गाना दिया है।

जतिन दीया की इस बात पर हंसा और बात आगे बढ़ाई...। इसीलिए ही कहते हैं कि इंसान को सोच समझ कर बोलना चाहिए। ऐसा हम सोच सकते थे। पर पता है अरविका दीया ने क्या कहा,

"चलो अच्छा है। ये मुसीबत हम पर आई, मुराद पर नहीं। पता नहीं कैसे झेलता। उसकी नई-नई दुल्हन क्या सोचती मुराद के बारे में। मैं हैरान था दीया उसके बारे में भी कितना अच्छा सोच रही थी। जिसने कुछ सेकिण्डों में रेजिग्नेश मेरे हाथ में थमा दिया और

मेरी सीट पर अपना समान। मैं तो मुराद को जरुर फेयरवेल देता। मेरी तो फेयर वेल भी नहीं हुई।

वाऊ आंटी तुस्सी तो बहुत ग्रेट हो...पर आपको डर नहीं लगा कि घर के खर्चे कैसे चलेगें? अंकल को तो दूसरी नौकरी का भी चांस नहीं था और आप भी हॉऊस वाइफ थीं।

हां डर तो मुझे भी लगा था उस दिन। पर मेरा पहला एफर्ट ये था कि ये उस रात को आराम से सो पाएं...अगर पहले दिन टैंशन ले लिया तो आने वाला हर दिन टैंशन वाला होगा। उस दिन मैंने एक से एक गेम डॉउन लोड किया हम उस रात इतना खेले-इतना खेले कि ये थक कर और जीत कर सोए गए। पर मैं रात भर सो नहीं पाई। अगले दिन सुबह इन्होंने चाय बनाकर मुझे जगाया। सचिन को भी स्कूल भेज दिया था।

उस दिन हमारी जिंदगी की नई शुरुआत हुई थी।

इन्होंने मेरा हाथ पकड़ कर कहा मेरी ग़लती की सज़ा...

आगे की बात को जतिन ने पूरा करते हुए कहा...बहुत सारी ग़लतियां। अब ग़लती से शुरुआत हुई है तो ग़लतियां ही की जाएं। ग़लतियों से ही अब जो होगा, सही होगा।

मुझे एक बार फिर से महोब्बत हो गई थी दीया से। हम दोनों ने अपनी सेविंग का हिसाब लगाया कि हम कितने दिन सरवाइव कर सकते हैं। ऑफिस से कितना मिलना है तो कुल मिलाकर हमारे पास 30 लाख रुपये थे। मेरे सारे गहने जेवर पॉलिसी-वैगरह मिला के। शुक्र ये था दस किस्तों के बाद घर अपना था...। हमने चार लाख अलग निकालकर 22 लाख की एम.आई.एस. कराई।

मंथली इन्कम स्कीम...वॉऊ वेरी वाईज़ डिसिजन...एण्ड देन फिर क्या हुआ।

फिर हमारे पास महीने के खर्चे में 18 हजार आने लगे उसके इंट्रस्ट के तो हमारी रोटी दाल पानी थोड़ा बहुत फ्रूट का खर्चा चल जाना था। एक लाख हमने रखा सचिन की फीस का क्योंकि स्कूल के बीच में से तो इसे निकाल नहीं सकते थे। छ महीने हमने इसे पढ़ने दिया। और सबसे बड़ा डिसिजन लिया कि दुनिया हमारे लिए क्या कहेगी उस पर हम कभी ग़ौर नहीं करेगें। हम पैसे वाली पार्टियों में नहीं जाएगें। घर वाले रिश्तेदार सचिन की पढ़ाई को लेकर क्या कहगें कि अरे पढ़ा लो खींचतान के हो जाएगा सब पर हम सचिन की पढ़ाई पर घर में ध्यान देगें। लोगों ने जब देखा कि सचिन सेंट्रल स्कूल में जा रहा है तो रिश्तेदार दोस्तों ने तो बवाल ही खड़ा कर दिया

"यार ये क्या है तुम तो बच्चे के भविष्य के साथ खेल रहे हो। पता है वहां कैसा क्राऊड आता है बच्चा बिगड़ जाएगा"

सेंवथ क्लास का बच्चा हमारा सचिन इतना समझदार था कि उसने हमारी सिचुएशन को समझते हुए कहा,

"मुझे तो सारे स्कूल एक ही जैसे लगते हैं।"

इसके मुंह से ये बातें सुनकर हम दंग थे। हमारे सचिन ने प्राऊडली सेंट्रल स्कूल जाना शुरु कर किया। ये तो हमें बाद में पता चला कि ये वहां इतना ख़ुश कैसे था? भाई साहब के बैग में लवचिट्स मिलीं। हमारे पड़ोस की प्रियावंदा वहां पढ़ती थी। एण्ड ही लाइक्स हर। और भाईसाब ने एक दिन भी उस स्कूल से छुट्टी नहीं की हमेशा फर्स्ट वरना बेटा एवरेज थे अपने टाईम में। ये सब प्रियवंदा का कमाल है।

जतिन ने अपनी प्रेजेंट गर्लफ्रेंड के सामने पोल खुलते देख। बात को संभाला "अम्मा...आप दोनों की आत्मकथा चल रही है साईड हीरो के कच्चे चिट्ठे क्यों खोले जा रहे हैं।"

अरविका ने सचिन के गाल खींचते हुए कहा,

"सो क्यूट ये तो बचपन से ही तेज़ है...।"

सचिन ने अपने गाल छुड़वाते हुए कहा "अरे पापा माली कैसे बने वो तो पूछो।"

ओ सॉरी...हां अकंल ये तो बताइए आप को गार्डनिंग का शौक़ कैसे चढ़ा? वो भी ऐसा शौक की महिलाएं आपकी फ़ैन हो गईं। महिलाओं के घर के ख़र्चों में कटौती आने लगी। कुछ सब्जियां फ्रेश घर पर ही उगने लगीं और आज आपका खुद का फार्म हाऊस है। और वहां तक़रीबन पांच हज़ार महिलाएं काम कर रहीं हैं। आपकी सब्जियां घर-घर की प्यारी हो गई हैं। इस बात पर सब हंसे अरविका को छोड़कर क्योंकि उसे समझ नहीं आया कि सब घर-घर की प्यारी को भगवान की प्यारी से जोड़ चुके थे। सचिन ने बात को आगे बढ़ाया अरे सब्जियां ही नहीं महिलाएं भी इनकी प्यारी हो गईं...।

जतिन ने सचिन के सिर पर अखबार को रोल करके मारा...और अपने किस्से को आगे बढाया...जब जूते घिस गए नौकरी के लिए। नौकरी मिलती पर पुराना एक्स्पिरियंस क्या दिखाता कौनसी कंपनी का नाम लेता। बॉस का रेफरेंस क्या देता तो लाइन चेंज करने की सोची पर 36 साल की उम्र में क्या नया करुं। तो खाली समय में अपने गमलों की खुदाई करने लगा। इस बीच मेरी दोस्ती बहुत से मालियों से हो गई। जो माली ऱखे तो पांच सौ रुपये महीने पर जाते हैं पर खाद और दवाई के बहाने दो ढाई का बिल बना देते थे। पर अब मेरे लिए दो ढाई- हजार रुपये मायने रखते थे। तो मैंने खुद ही पढ़-पढ़ के अपने पौधों को बढ़ा करना सीख लिया फिर छोटे-छोटे गमलों में मैंने एंवई टमाटर, मिर्च, साग, सलाद के पत्ते उगाने शुरु किए...। .धनिया पुदीना तो ग़ज़ब उगता था। धनिए की चटनी और पुदीने की चटनी बनाने में माहिर हमारी दीया जी ने अपनी कुछ एक सहेलियों को ये चटनियां सेल करना शुरु कर दिया। फिर क्या था धनिया और पुदीना उगाना तो अब जिम्मेदारी बन गई। अब तो

चटनी खाएगें तो दीया के हाथ की एक दम फ्रेश फिर मेडम चटनी के साथ फ्रेश कॉम्पलिमेंटरी मिर्च रख देतीं। अब उस हरी मिर्च का स्वाद ही अलग होता तो कुछ एक लोगों को फ्रेस चटनी का ऐसा चस्का लगा कि उन्होंने मुझे पुदीने और धनिए को कैसे उगा सकते हैं इसकी आर. डबल्यू. ए. की वर्कशॉप के लिए बुला लिया। फिर चटनी में मिर्च की जरुरत थी। तो मैंने कुछ अमीर लोगों के घर में किचन गार्डन सेट करने का जिम्मा ले लिया। कह सकती हो तुम कि मैं एक पढ़ा-लिखा माली था। लोगों के घर में रिस्पेक्टड माली पर वहां मुझे कोई माली भईया नहीं कहता था। सब मिस्टर मदान कहते थे। और कुछ लोग भई मदान और कुछ जतिन भी कहते थे। उनको वो सब्जी थोडी मंहगीं जरुर पड़ती थीं पर उन्हें घर के ताज़ा टमाटर, साग, कुछ चीज़ें ऐसी मिल जाती थीं कि वो खुश हो जाते थे। मैं डेढ़ साल के अंदर महीने के 20–25 हजार तक कमाने लगा था। सुबह अपने घर के गमलों के साथ रहता शाम को क्लाइंट के गमलों को देखने जाता। दीया की चटनी ने भी 20 हजार तक का टारगेट कर लिया था। कुछ आस-पास होटल में सुबह दोपहर और शाम को पुदीने की चटनी भेजनी पड़ती थी। दीया अब हरी-हरी सी रहने लगी थी। हमेशा चटनी में ही इसके हाथ रहते थे। इसकी चटनी की डिमांड बहुत थी। पर मुझे दीया का इतना बिजी होना अच्छा नहीं लग रहा था और हमने एक रात ये डिसाइड किया कि हम पैसे के लालच में नहीं पड़गें। हमने पूरा एक साल 18 हजार महीने पर भी बिताया था। इन्क्लूयूडिंग ऑल पानी-बिजली के बिल...। और हम मज़े भी करते थे। पर हम बिजि होते जा रहे थे ख़ासकर दीया। जो मुझे पसंद नहीं आ रहा था। तो तभी मेरे दोस्त ने मेरे बढ़ते हुए माली भईया के काम को देखकर मुझे ऑफर दिया कि उसका फार्म हाऊस है अगर वहां खेती नहीं हुई तो सरकार सील कर देगी तो मैं खेती कर लूं। वो बाहर रहता था। तो उसने साथ भी ये भी कह दिया कि दिल करे तो पैसे दे दियो वरना सब्जियां खिला दियो...। हमारी मजाक़ में डील हुई...

नजफगढ़ से दूर भी नहीं था और अंदर से भी ठीक-ठाक था। तो हमने तय किया कि हम वहीं शिफ्ट हो जाएगें।

पर अब हमें पैसों की जरुरत थी क्योंकि वहां मैं बड़े स्तर पर काम करना चाहता था।

अरविका ने जतिन को रोका, "एक्सक्यूज मी अंकल आपने तो अभी कहा था कि आप पैसों के चक्कर में नहीं पड़ना चाहते थे पर आप तो लार्ज स्केल पर काम करने की सोच रहे थे।"

हां जतिन ने जवाब दिया...पर मैं अपना सीखा हुआ बर्बाद नहीं करना चाहता था तो पूरे एक साल की मेहनत थी मेरी। फिर मैं और दीया फ्री...फ्री...बस फिर अपने लिए समय और अपनी फैमिली के लिए समय ही समय...।

तो मैंने अपनी सारी मंथली इन्कम स्कीम तुडवाई...मुझे उसी में सब कुछ करना था। छ महीने के खर्चे के पैसे अलग रखे और सारे पैसों से कुछ मशीनें ले आया...खाद...बीज पैकिंग मटेरियल बहुत सा समान...। अब कुछ किसानों की जरुरत थी। उनको भी छ महीने पैसे तो देने ही थे। मैंने एक-एक सेफ स्टेप उठाना शुरु किया तो छोटी-छोटी चीज़े शुरु की...जो आराम से उग रहीं थी और मेरे लिमिटेड क्लाइंट की जरुरत पूरा कर रही थीं। गांव के आसपास के लोग भी हेल्प को आ जाते अब मैं क्वालिटी का मतलब समझ गया था तो मैंने उससे कभी कम्प्रोमाइज नहीं किया। अब स्किल मेरे हाथ में था तो समझो मिट्टी में हाथ डालता था तो सोना निकलता था। वर्कशॉप भी करता था। लोग आते देखते और समझते की छोटी-छोटी चीज़े हम खुद उगा सकते हैं। मिडिल क्लास फैमिली के लिए बचत होती और अपर क्लास के लिए फन और टाईम पास...। बस अब करीब-करीब सौ दो सौ घरों में मेरी सब्जियां रोज जाती हैं। अब मैं अपने खेत में नहीं जाता मैं अपने घर का किचन गार्डन देखता हूं। जो पैसे आते हैं उसमें से मेरी तनख़्वाह अठाहर हजार

रुपये के बाद मेरे स्टाफ और वहां के खर्चों में खर्च हो जाता है। सारे किसानों को मुझसे काफी ज्यादा पैसे मिलते हैं। दीया भी 20 हजार से ऊपर कमा लेती है वो भी लिमिटेड काम करके काफी है अड़तीस हजार रुपये हम दोनों के लिए। सच बताऊं तो ख़र्च ही नहीं होते। अब सोच रहें हैं तीन लाख रुपये जमा हो गए हैं तो विदेश घूम कर आएं। पर सचिन की शादी के बाद। तभी फोन की घंटी बजी बॉस का फोन था। सचिन और दीया ने इशारा किया कि उठा लो...

"अरे यार अब तुम बड़ी चीज़ हो गए तो फोन नहीं उठाओगे क्या?"

"नहीं सर क्या कह रहें आप मैं कहां बड़ी चीज़" जतिन ने बहुत ही विन्रम होकर कहा...

"आज तुम्हारा इंटरव्यू पढ़ा तो बहुत गर्व हुआ कि तुम में कितनी बड़ी क्वालिटी थी। अगर सॉफ्टवियर इंजिनियर बने रहते तो क्या पता चल पाता तुम्हारा टेलेंट?"

जतिन ने कहा, "जी हां सर इसीलिए आपको थैंक्यू कहना चाहता हूं। नौकरी से निकालने के लिए और मुराद को भी थैंक्यू।"

"मैंने कहा था जब तुम अपनी बात सच साबित कर दोगे तो चाय पीने आऊंगा...तो बुलाओगे नहीं चाय पीने?"

जतिन ने मुस्कुरा के कहा, "जी हां सर जरुर बुलाऊंगा। पर ये जताने के लिए नहीं कि कि आपका गरुर चूर हुआ। इस आदर के साथ कि आपके कारण ही मैं ये सब कर पाया। शाम को आप सभी का खाने पर इंतजार रहेगा मेरे हाथ की उगी सब्जियों का आनंद लिजिएगा और दीया के हाथ की चटनी का। परिवार के साथ ही आइएगा। और खाना खाके ही जाइएगा। मैं एड्रेस भेज रहा हूं अपना"

जतिन ने मुस्कुरा के फोन रखा। सबके चेहरों पर ख़ुशी, संतुष्टि और एकता की मुस्कुराहट थी।

8

चन्द्रा

कावेरी की समझ में नहीं आ रहा था ऐसी परिस्थिति में वो कैसे रिएक्ट करे। चंद्रा उसकी काम वाली बुक्का फाड़-फाड़ के रो रही थी। कावेरी को गुस्सा भी आ रहा था और हंसी भी। बात भी ऐसी थी कि वो किसी को बताए भी तो कैसे। इसे कावेरी को खुद ही सुलटाना था।

"चन्द्रा तू ऐसे कैसे कर सकती है...पता भी है तूने क्या किया है।"

"हां बीबी जी पता है पर क्या करुं मजबूरी थी।"

"अरे ऐसी कैसी मजबूरी। तू ही सोच मैं इन्हें क्या बताऊंगी?"

"हय बीबी जी क्या कह रही हो...आप साब को न बता देना। पैर पड़ती हूं...बीबी जी पलीज...ऐसा न करना।"

"फिर तू ही बता कि क्या करुं, कुछ न कहूं तुझे। तूझ पर विश्वास कर लूं कि तू आइंदा से ऐसा नहीं करेगी।"

"आप विश्वास कर ही लो पर मैं इसकी गारंटी नहीं दे सकती कि मैं दोबारा ऐसा करुंगी की नहीं।"

अब कावेरी तिलमिला गई। वो तो कोशिश कर रही थी कि चंद्रा मान ले कि वो आगे से ऐसा नहीं करेगी। और बात यहीं कि यहीं रफा-दफा हो जाए। पर वो तो मुंह पर बोल रही थी कि इसकी गारंटी नहीं दे सकती।

"ये क्या बदतमीजी है चंद्रा"

कावेरी चिल्ला रही थी और चंद्रा कावेरी की कुर्सी के पास बैठी धीरे-धीरे मुस्कुरा रहा रही थी। उसकी ये मुस्कुराहट कावेरी को अंदर ही अंदर और जला रही थी।

"है क्या तू, पागल है क्या? तू इतने सालों से मेरे पास काम कर रही है पर मैंने तूझसे कभी भी कुछ भी कहा। जब भी आए,

जब भी जाए...काम करे या न करे, मैंने कभी कुछ नहीं कहा। सारे घर की तेरे पास चाभियां हैं। पूरा विश्वास किया मैंने तूझ पर, पर तू है कि...तू मुझे इतना विशवास नहीं दिला सकती कि तू अब कभी ऐसा नहीं करेगी।"

"बीबीजी मैंने आपसे अगर हां...कह दिया तो मेरा पति मुझसे लड़ेगा फिर मारेगा भी। बस्ती में खड़ा होके शोर मचाएगा और बहू बेटे के आगे बेइज्जत करेगा सो अलग। आप समझ क्यों नहीं रही हो बीबी जी।"

"तेरा दिमाग तो सही है, तूझे मेरा ही घर मिला है क्या और भी घर हैं वहां जाकर कर।"

"बीबीजी आप ही बताओ कहां जाएगें हम। आपका घर हमें अपना ही लगता है। तो हमें करते हुए भी बुरा नहीं लगा।"

"तेरा दिमाग सही है चंद्रा। क्या बके जा रही है तू पता भी है तूझे।"

कावेरी के दिमाग में चंद्रा और उसका आदमी अपने बिस्तर पर दिखाई देने लगे। वो सारी बातों को साईड में करते हुए बोली,

"अच्छा तू ये बता, तुम लोग थे कहां? मेरे कमरे में या बच्चों के कमरे में?"

"का बात कर रही हो बीबीजी...मैंने कोई बुरा काम ना किया है। और बच्चों के कमरे में...तौबा...तौबा...हम आपके कमरे में ही थे। वहां तो आप भी करते होगे ना...।"

ये सुनते ही कावेरी की त्यौरियां चढ़ गईं पर चंद्रा ने एकदम कहा,

"न...न बीबी जी गलत न समझो आपके बिस्तर पर कुछ ना किया हमने, मैंने तो कार्पेट भी हटा दिया। जो किया अपनी साड़ी

बिछा के किया और कौनसा रोज रोज करते हैं। हफ्ते दो हफ्ते में एक दो बार।"

कावेरी तो ये सुन कर उसकी शक्ल ही देखती रह गई। इसे भोलापन कहे या ज़िंदगी की सच्चाई कहे...।पर मेरे ही घर में क्यों? ये सोचकर कावेरी फिर गुस्से में बोली,

"तूझे शर्म नहीं आती। तू पोते-पोती वाली है फिर भी तू। हे भगवान! और मैं अचानक ना आ जाती तो मुझे तो कभी पता ही नहीं चलता। और तुम लोग मौज करते रहते मेरे पीछे।"

"हां बीबी जी अब ये बातें तो बता के नहीं की जातीं। अब आदमी है जब उसका जी आए है वो तो भागे है अब मेरी तरफ ना आएगा तो कहीं और जाएगा। अब तुम ही बताओ मौज क्या है इसमें। सोचना बीबी जी आप भी। ये न मिले है तो घर की सुख शांति खत्म हो जाती है। और का लगता है आपको, पोते-पोती वाली हूं तो क्या उम्र होगी मेरी? अभी सिर्फ पैंतालिस की ही तो हूं। चलो मैं तो फिर भी 10–15 दिन का सब्र कर लूं हूं। पर इसका क्या करुं। मेरे खसम का। उसको जब मिलता न है तो खूब लड़ता है। अब एक कमरे की कोठरी है। हम दिन में ना होते हैं तो बहू-बेटा तो दिन में अपना कर लें हैं। हम क्या करें? और कब करें? अब एक कमरे में रात को हम तो ना कर सकें हैं ना। अब रात को जब वो कभी लगे होते हैं तो ये तो बावला हो जाए है। पर भी बेशर्म ना होता है। बस गुस्सा करता रहबे है मुझ पर...। और मैं समझूं तो हूं पर करुं क्या...।"

कावेरी सोच रही थी कि चंद्रा कितने आराम से ये बातें कर रही है। हम इस तरह से ना बात कर पाते हैं ना सोच पाते हैं। बस जब शरीर चाहता है हो जाता है। दोनों में से कोई नहीं सोचता किसका दिल कर रहा है किसका दिल नहीं। बस शरीर में भाप बन गई है तो निकालनी है कैसे भी। तभी कुछ कॉमन फ्रेंड्स इसे कहतीं थी कि आज तो पति की सीटी बज गई। हम हंसते थे। और समझ जाते थे कि आज सिर्फ पति का दिल था। पर अब खुलकर

बातें करने का दिल ही नहीं होता था। क्योंकि शायद इसके लिए मोहब्बत होनी जरुरी थी। पर समय कह लो या फिलिंग्स नहीं रहीं थीं तो सब कम हो रहा था।

दिल किया उससे पूंछूं तो सही करते कैसे हो। क्या पहले वो प्यार करता है तुझे या सीधे ही शुरु हो जाता है। पर ये सोच के चुप हो गई कि इसे जरा सी छूट दी तो शुरु ही हो जाएगी। वो अपने पल्लू को अपनी ऊंगलियों में घूमा...घूमा के कुछ सोच रही थी। मैं अब फिर उससे पूछना चाहती थी कि तू बता अब तो ऐसा नहीं करेगी। पर वो अपने ही मूड में बोली।

"अब पता नहीं बीबी जी लोगों को इसमें बुरा क्या लगे है। बच्चा आता है तो सब खुस होवें हैं पर कैसे आया...इस पर बात करने से मुंह चुराएं हैं। नहीं सही नहीं कह रही क्या बताओ तो...? अरे बुराई का है इसमें। अब हमारे पास जगह ना थी और यहां कर लिया तो आप बुरा मान रही हो।"

"अरे क्या बात कर रही है तू...अब इनका दिल करता है तो ये मेरे ऑफिस में आ जाएगें और हम कुर्सी हटा के और मैं अपनी साड़ी बिछा के...।"

मैं आगे कहते...कहते चुप हो गई। मुझे गुस्सा आ रहा था चंद्रा की इस बात पर कि ये क्या एक्सक्यूज़ हुआ भला कि घर में ना टाईम है ना स्पेस तो वर्क प्लेस पर करते हैं।

"हां बीबी जी वो तो अच्छा नहीं लगेगा। और आप तो साड़ी पहनती ही कहां हो। पर करती है ना मेरी सहेली काम एक ऑफिस की बिल्डिंग का झाड़ू पोहचा। वो बताती हैं कि वहां के बाथरुम इतने बढ़िया होते हैं कि वहां तो सब बाथरुम में करते हैं।"

अब ये बात तो सभी को पता है कि ऑफिसों में ऐसा होता है। बाथरुम में बहाए गए कंडोम पूरी तरह से बहने से पहले बाहर निकल...निकल के बता जाते हैं कि तुम्हारे आने से पहले यहां क्या हुआ था।

पर मुद्दा ये नहीं था मुद्दा था कि चंद्रा ने कावेरी के विशवास को तोड़ा था। कावेरी ने तो दस सालों में उसका आदमी ही पहली बार देखा था। कैसे मुंह छिपा कर भागा था। और चन्द्रा अपने ब्लाउज के बटन बंद करते हुए उसके पास आकर आराम से बोली थी,

"गलती हो गई बीबीजी पर क्या करुं पति है मेरा। कब तक उसे रोकूं"

"अपने घर में करा कर ना। मेरे घर में क्यों?"

"आपको पता न है बीबी जी दो साल से बहू बेटा ने यहीं डेरा जमाया हुआ है। कई बार कह दिया कि अपना अलग खाएं-कमाएं पर है कि जाने का नाम ही ना ले रहे। यहां तक कि बेटा तो कमाने भी न जाता है। सारा दिन घर में पड़ा रहता है। तो वो तो अपना दिन में भी कर लेते है। हम दोनों मियां-बीवी क्या करें। अब ये कह तो कुछ नहीं पाते पर लड़ते हैं, चिढ़े-चिढ़े रहते हैं। मैं समझती हूं पर क्या करुं कुछ नहीं कर सकती। पर फिर मैंने सोचा कि आपके घर में तो दोपहर को कोई नहीं होता तो ये कभी-कभी आ जाते हैं। कितना बख्त चाहिए होता 15 मिनट। बाद में ये अपने काम पर खुशी-खुशी चले जाते हैं और हमारे दिन थोड़े अच्छे निकल जाते हैं। देखो तो, ये गले का, पैर की पाजेब और ये कान के मेरा पति ही तो लाया है मेरे लिए।"

"सोने के हैं?" कावेरी ने हैरानी से पूछा।

"अरे कहां...पर जिसके भी हैं। जब पति कुछ लाता है यानी वो खुश है। और वो खुश है तो हमारी जिंदगी अच्छे से चलती रहती है। बिना किसी टेंसन के। क्यों गलत कह रहीं हूं बीबी जी?"

कावेरी चंद्रा की शक्ल देख रही थी। उसकी समझदारी की बातें सुनकर वो मन ही मन खुश थी। समझदारी अलग बात है पर कावेरी उसे अपने घर में ये सब करने की कैसे इजाजत दे सकती

है। वो जानती थी कि वो चंद्रा की खुशियां छिनने जा रही है पर इसके अलावा उसके पास कोई और चारा नहीं था।

"चन्द्रा ऐसा कर तू घर की चाबी मुझे दे दे। अब तू शाम को छः बजे के बाद आया कर जब मैं ऑफिस से आ जाती हूं। अगर तूझे लगता है कि तू अब काम नहीं कर पाएगी तो तू काम भी छोड़ सकती है। मैं तूझे फोर्स नहीं करुंगी रुकने के लिए।"

चन्द्रा ने अपने थैले से चाबी निकाल कर टेबल पर रख दीं और मुस्कुराते हुए कहा,

"का कह रही हो बीबी जी काम क्यों छोड़ूगीं। आपने तो मुझे इतना सब हो जाने के बाद भी कुछः नहीं कहा। अगर आपकी जगह मैं होती ना तो सुसरी का झुंड पकड़ के आग में झोंक देती"

ये कहकर चंद्रा गुनगुनाती हुई किचन मे कावेरी के लिए चाय बनाने लगी। और कावेरी अपनी कुर्सी पर बैठी चंद्रा के बारे में सोच कर काफी देर तक मुस्कुराती रही।।

9

चाहत थी वो मेरी...

पांच साल हो गए थे पर मैं अपनी बीवी से कहने की हिम्मत नहीं कर पा रहा

था कि अब मैं तुमसे प्यार नहीं करता। मैं अपने ऑफिस में काम करने वाली

ईशा से प्यार करता हूं। वो मुझे समझती है। मेरे काम को समझती है। हम

दिन में आठ घंटे साथ रहते हैं और अब हम चौबीस घंटे साथ-साथ रहना

चाहते हैं। और आज ये तय करके ही घर आया था कि आज या तो आर या पार....।

ऐसा नहीं है की मैं अपनी बीवी से प्यार नहीं करता। बहुत करता हूं। पर वो मेरी चाहत नहीं है..चाहत तो मेरी ईशा है...। बीवी तो सिर्फ़ खाना पैक करके देती है पर ईशा...मेरे टिफिन को खोल कर सजा कर जब मुझे खाना प्लेट में लगा कर देती है तो खाने का स्वाद दोगुना हो जाता है। और बीवी खाना खिलाते खाते वक़्त ना जाने किन-किन कामों में उलझी होती है...। वैसे वो मेरे साथ होती ही कब है। कभी बच्चों में, तो कभी रिश्तों में, तो कभी घर-गृहस्थी में...। मेरे लिए समय ही कहां होता है उसके पास। और ईशा....वो काम में भी मेरे साथ है और काम के बाद भी। जब तक घर नहीं पहुंच जाता वो मेरे साथ होती है। रात को ढेर सारा प्यार देकर मुझे सुलाती है। और बीवी...मुझे फोन पर लगा देख कर ताना देती है....। खैर, अब तो वो भी देना छोड़ दिया है पर करवट बदल कर खर्राटें लेकर सोना नहीं। मैं...ना अब और सह सकता हूं ना रह सकता हूं इस महिला के साथ। मुझे बस ईशा चाहिए बस....। ऐसी ज़िद मैंने कई साल पहले अपनी माँ से भी की थी कि मुझे बस बेला ही चाहिए..उसी से ही शादी करनी है मुझे बस....। हो जाती हैं ऐसी ग़लतियां..पर उन्हें सुधारा भी जा

सकता है...और अब समय आ गया है उस ग़लती को सुधारने का। तो अब इस ग़लती को सही करना है। आज कह दूंगा अपनी बीवी से की मैं ईशा से प्यार करता हूं और उससे शादी करना चाहता हूं। मुझे पता था। मेरे दरवाजे की घंटी बजने से पहले ही चाय, पानी और मेरे फेवरेट बिस्किट्स नाईस...टेबल पर होगें। बस जैसे ही वो अपनी चाय और सब्जी की टोकरी लेकर आएगी मैं उससे कह दूंगा "कि सॉरी अब मैं तुम्हारे साथ नहीं रह सकता। मैं किसी और से प्यार करता हूं।"

और मैंने कह ही दिया। वाह! अपने आप पर हैरानी हो रही थी कि मैंने ये बात इतने आराम से कह कैसे दी? मैं महसूस कर रहा था कि जब मैं उसे अपनी चाहत के बारे में बता रहा था तो मुझे दुख नहीं...बहुत सक़ून मिल रहा था। ऐसा लग रहा था जैसे अपने सामने बैठी उस औरत को बता रहा हूं कि तुम्हें तो कभी मेरे लिए फ़ुर्सत ही नहीं मिली। तुम्हें तो सिर्फ घर...और घर की ही लगी रही। कभी तुम मुझे बिस्तर पर मिली ही नहीं...चाहे रात के बारह बजे हों या सुबह के पांच...जब भी बिस्तर टटोलता हमेशा ही बिस्तर खाली मिलता था। मैं मन मसोस कर रह जाता था। पर ईशा हमेशा मेरे साथ होती है...तो तुम मेरे क़ाबिल नहीं हो। काश...मैं तुम्हें अभी तलाक़...तलाक़...तलाक़ कह कर अपने को इसी वक़्त मुक्त कर लेता। सोच रहा था मुझे ईशा से प्यार की बात बहुत पहले ही कह देनी चाहिए थी। खामख़ाँ बेचारी को इतने साल तड़पाया....। मैं इतना कहकर.. इतना कुछ सोच भी चुका था पर बीवी ने इतनी बड़ी बात सुनकर भी कोई रिएक्शन ही नहीं दिया। बस इतना बोली, आटा तुम्हारी रोटी का भी गुधूं या अपनी ही दो रोटियों का। मैं हैरान था कि इतने में तो औरतें सारे जहां के रिशतेदार, पूरा महोल्ला इकट्ठा कर लेती हैं। और एक ये है कि इसे रोटी का आटा कितना गुधूं...इसकी पड़ी है। मैंने फिर अपनी बात कहने की कोशिश कि....मैं जैसा रिएक्शन देखना चाहता था वो भी तो मिलना चाहिए था। तो मैंने दोबारा कहा...

"आज अप्रैल फूल नहीं है...और ना ही मैं तुमसे मज़ाक करने के मूड मैं हूं...आए एम वेरी मच सीरियस...। मै जो कह रहा हूं अपने होशो हवाश मैं कह रहा हूं और सच कह रहा हूं कि मैं ईशा से प्यार करता हूं।"

ये कहता हुआ मैं उसके पीछे-पीछे किचन मैं गया तो बीवी ने मेरे हिस्से का आटा कम किया और दो रोटियों का आटा लिया और गूंधने बैठ गई। उसने कुछ कहा नहीं पर जता दिया कि मैं चाहूं या ना चाहूं पर उसकी तरफ से मेरा जाना पक्का है। पर मर्द मन था तो रिजेक्शन करने का हक़ औरत को थोड़े ही है। मैं करुंगां रिजेक्ट। सो मैंने बात को आगे बढ़ाते हुए कहा मैं और ईशा पांच साल से रिलेशनशिप मैं हैं। पता है तुमको। उसने बहुत ही सहज भाव से कहा। हां....पता है...और चिल्लाने की जरुरत नहीं है। बच्चो को भी पता है। मैं और बच्चे क्या, सभी जानते हैं। आस-पड़ोस वाले...घर वाले....मेरी सहेलियां, आपके दोस्त...आपके परिवार वाले...सब ही जानते हैं कि तुम्हारा अफ़ेयर चल रहा है। उसने इस बात को भी इतनी ही सहजता से कहा। मुझे समझ नहीं आ रहा था कि वो इतनी सहज कैसे हो सकती है? एक बार को दिल किया कि बात को कॉमेडी कि तरफ मोड़ दूं। ये कहकर कि अरे मैं तो मज़ाक कर रहा था। पर मेरा चेहरा बता रहा था कि मैं सोच रहा हूं कि ऐसा कैसे हो सकता है। मैं और ईशा तो हर बात का ध्यान रखते थे। पर इसे क्या, इसके हिसाब से तो सभी को पता है। पर पता चला कैसे ? मैंने थोड़ा सकुचाते हुए पूछा, "तुम्हें कैसे पता?" दो रोटियों के आटे में घूंसे मारने की जरुरत नहीं थी पर वो आटे मैं दबा...दब घूंसे मारते हुए बोली। जब से, ईशा ईशी हुई तब से। जब से, तुम मेरा स्पेशल ख़्याल रखने लगे तब से। उसके आने पर मेरा घर के काम मैं हाथ बटाने लगे तब से। उसके आने पर मेरे साथ प्यार जताने लगे तब से। जब एक ही बिस्तर पर थकान का बहाना बना के करवट लेके पड़ने लगे तब से। मैं अपनी स्मार्टनेस के

आगे शर्मिंदा सा हो रहा था। समझ आ रहा था कि जब हम कोई चीज़ छिपाते हैं तो वो दूसरी तरफ से उघड़ती जाती है। और हमें तो सिर्फ अपने ऊपर का ढका हुआ ही दिखता है पर पीठ नंगी है इसका पता नहीं चलता। तो उस समय मेरी स्थिति क्या थी पता नहीं...पर फिर भी मैंने उससे पूछा, "तुम्हें बुरा नहीं लगेगा अगर मैं ईशा से शादी कर लेता हूं तो?" उसकी इतनी बड़ी मुस्कुराहट मैंने पहली बार देखी थी। वो ख़ुश थी...। बोली सच्ची.. तुमने पक्का फैसला ले लिया है ना...कि तुम चले जाओगे। हां मैंने पक्का फैसला ले लिया है कि मैं चला जाऊंगा...। मैं यह कह कर उसका रिएक्शन देखना चाहता था। इतना सुनते ही उसने गहरी सांस ली। बोली थैंक्स..ऐसा लगता है जैसे जिंदगी हो गई आराम से सोई ही नहीं। सुबह पानी भरने...नाशता बनाने की चिंता फिर लंच है..। रिशतेदारों के फोन....उनके ताने...उनके फंक्शन। फिर घर की रोज किटर-पिटर। कुछ टूट गया है कुछ टूट रहा है तो कुछ फूट रहा है। कोई रिशतेदार अस्पताल मैं है तो कोई घर मैं टांग तुडवाए पड़ा है। उसे देखने जाओ या फिर वहां रहकर उसकी सेवा करो या घर लाकर सेवा करो। त्यौहार पर जली-कटी सुनते हुए घर के खाने की फरमाएइशें पूरी करो और अगर थक के लेट गए तो हमारी बहू तो सड़ी हुई है। फिर रात भर आपकी किट-किट सुनो की मेरे घरवाले इतने ही बुरे लगते हैं तो अपने घर ही रहो जाके। दस साल....दस साल हो गए यार...अपने लिए इतना समय ही नहीं मिला कि एक कप आराम से चाय पी सकूं। बस थक के चूर हो कर जब बिस्तर पर पड़ती हूं तो लगता है यही मेरा स्वर्ग है। पर कुछ घंटो मैं आंख खुल जाती है। फिर शुरु सुबह से रात तक उस गृहस्थी के झंझट जिसमें पता है कि की पति की चाहत कोई और है। काम करने से डर नहीं लगता साब उन तानों से डर लगता है जो सबके लिए करने के बाद भी पड़ते हैं। और पति सोचता है कि ये उसकी गृहस्थी नहीं है वो तो पत्नी अपने घर से लेकर आई है। औलाद

और रिश्तेदारों सहित। यार बरसों हो गए सुक़ून से बैठकर अपने से बाते किए हुए। उसने फिर एक गहरी सांस ली। थैंक्स यार... ऐसा लग रहा है कि मैं बहुत दिनों बाद खुलके सांस ले पा रहीं हूं। पता है...तुम चले जाओगे ना सबसे बड़ा सुक़ून ये होगा कि तुम्हारे घरवालों से पीछा छूटेगा। बाएगॉड...। उसको अपने आप में इतना खुशी से मचलते हुए देखकर ऐसा लगा...जैसे किसी बच्चे को लंबी छुट्टियां मिल गई हो वो भी बिना होमवर्क के। मैं उसकी शक्ल देख रहा था। जिस पर साफ़-साफ़ लिखा था कि मैंने ये अफेयर अपने सक़ून के लिए नहीं उसके सक़ून के लिए किया है। मैं सोच ही रहा था उसने मेरा बैग-सूटकेस पैक कर दिया। और एक दूसरा बैग देते हुए बोली ये तुम्हारी कुछ शर्ट और टिशर्ट्स थीं जिनको लेकर तुम बहुत क्लेश करते थे तो मैंने वो छिपा दीं थीं। इनके कॉलर मुझसे कभी साफ ही नहीं हुए... प्लीज़ ईशा को कहना....वो साफ कर देगी। गुस्सा तो बहुत आ रहा था मुझे। कहां मैं अपनी बीवी को बताना चाह रहा था कि मैं तुमसे बहुत प्यार करता हूं पर क्या करुं वो मेरे लिए थोड़ी स्पेशल है। वो मेरी चाहत है। उसके पास मुझे सकून मिलता है पर ये तो बस अपने सकून को लेकर खुश है। आटा गूंध कर फ्रिज में रखते हुए बोली। बुरा ना मानो तो एक बात पूछूं....मैं बल्लियों उछल गया और सोचा.. बेटा अब आया ऊंट पहाड़ के नीचे। अब कहेगी ये कुछ...पर मैं भी तैयार था ये बताने के लिए कि आदमी अफेयर के लिए लिए औरत ही जिम्मेदार होती है। मैंने बहुत ही उत्सुक अंदाज मैं कहा, “हां...हां पूछो, वो बोली, “पता है इतने साल बाद मेरा अंडा खाने का दिल कर रहा था। और देखो मैं चुपके से ले भी आई थी। और मेरी भगवान ने सुन भी ली। तो आज मैं अंडा बना लेती हूं....दस साल हो गए अपने हाथ की अंडा करी खाए हुए। ये कहते हुए उसने फ्रिज से अंडे निकाले और उबालने के लिए रख दिए। गुस्से के मारे मेरी दिमाग़ की नसें तन गईं थीं कि ये क्या है? बीवी कोई ऐसी होती

है। जिसे कोई फ़र्क़ ही नहीं पड़ता कि शौहर कहीं किसी पराई औरत के पास जाए। मुझे शक़ हुआ कि कहीं मैं अपना सोच रहा हूं पता चले कि इसने मेरा नहीं, मैंने इसका रास्ता साफ किया हो। हो सकता है इसका ही अफेयर चल रहा हो। ये मेरे जाते ही दूसरे आदमी के साथ रंगरलियां मनाए। रहा नहीं गया तो ताना मारते हुए मैंने कहा, कहीं तुम्हारा तो किसी से अफेयर नहीं चल रहा ना..कहीं तुम इस इंतजार मैं बैठी हो कि मैं तुम्हें ग्रीन स्गिनल दूं। वो हंसी और बोली बता दूंगीं तो रुक तो नहीं जाओगे ना...ईशा से किया प्रोमिस निभाओगे ना। बड़े ही कड़े दिल से मैंने हां कहा। मर्द का दिल था...जो छोटी-छोटी बातों पर ज्यादा छन्नी होता है। और ईगो पर बात आ जाए तो फिर तो दिल, दिल कहां रह पाता है नफरत और बदले का दरिया बन जाता है। मैंने कहा, हां ईशा का प्रोमिस निभाऊंगा। मेरी बात का जवाब दो। अंडे उबल चुके थे। गर्म-गर्म भाप ऐसी लग रही थी जैसे मेरे दिल से निकल रही हो। उसने अंडे के छिलकों को उतारा और बोली, "यार...मुझे एक और आफत सिर पर बिठाने का क़तई शौक नहीं है। एक पति ही काफी है जब मुझे ही घर संभालना है, मुझे ही बिजली पंखे, शिफ्टिंग, रिश्तेदार, बच्चे, अकेले निभाने हैं तो अकेले ही रहूं ना....। अकेले देखकर लोग फायदा उठाएगें तो अभी भी तुम क्या कर लेते हो कोई छेड़ जाता है या कुछ बोल जाता है तो डांट तो मुझे ही पड़ती है। तो कुल मिलाकर मुझे ही तो सब कुछ अकेले ही हैंडल करना है तो ये आदमी किस लिए? अपनी सारी जिम्मेदारी पत्नी के सिर पर डाल कर उड़न छू...। तुम्हे पता नहीं है तुम्हारे जाते ही मैं कितने सुकून मैं हो जाऊंगी। तुमने देखा है ना कि इंडिया पाकिस्तान को कैसे झेलता है ऐसे मैं

तुम्हारे रिशतेदारों को झेलती हूं। तुम्हारे जाते ही जिंदगी के सारे सवाल ही खत्म हो जाएगें। ये क्यों नहीं किया। वो क्यों नहीं किया...।

ना तो अपनी मर्जी से जा सको। ना आ सको। कहां गई थीं। और क्यों गईं थीं? मम्मी का ये क्यों नहीं किया? तो बहन का वो क्यों नहीं किया। और जो मैंने बोला था.. वो क्यों नहीं किया। तुमने ये साड़ी क्यों पहनी है जो मम्मी ने कही थी वो क्यों नहीं पहनी। तुमने उसके सामने ऐसा क्यों बोला, वैसा क्यों नहीं बोला। और वो एक-एक पैसे का हिसाब लेना...उस सब से पीछा छूटेगा। अब तो आराम से अपने टाईम से उठूंगी। अपनी मर्ज़ी का बनाऊंगीं-खाऊंगी। अपनी मर्ज़ी का पहनूंगी। ना रिश्तेदारों का झंझट ना घरवालों का। सारे शौक़ पूरे करुंगीं। सच बताऊं तो एक बार फिर से जीऊंगी। मुझे ऐसा लगा रहा था जैसे मैं शीशे के सामने खड़ा हूं और अपने आप को थप्पड़ पर थप्पड़ मारे जा रहा हूं। उसके चेहरे की ख़ुशी मुझे अच्छी नहीं लग रही थी। उसने मेरी बात का जवाब दे दिया था कि इतनी आज़ादी के बाद अब वो बंधना नहीं चाहती। यार एक बार शादी करने की ग़लती कर चुकी हूं दोबारा नहीं करुंगी। फिर ठहाका मार के बोली यार, दिखती बेवकूफ़ हूं, पर हूं कतई नहीं....। उसने ये कहकर उबले हुए अंडे का एक पीस मुंह मैं रखकर ऐसा मुंह बनाया की मेरे मुंह मैं पानी आ गया...। महसूस किया कि मेरी आँखों में पानी था। इतनी बेइज्जती...। मैं अपने मन मैं झांक रहा था कि मैं ईशा को प्यार करता हूं। नहीं मैं ईशा से प्यार नहीं करता मैं अपने सुकून और आराम से प्यार करता हूं। जो घर गृहस्थी की व्यस्तता के कारण मेरी बीवी नहीं दे पा रही थी। वो मैं बाहर ढूंढ रहा था। पर मैंने कभी सोचा ही नहीं था कि ये सब वो किस के लिए कर रह थी। वो जिम्मेदारियां मेरे लिए और मेरे कारण ही तो थीं। मुझसे छुटकारा मिलते ही वो एकदम फ्री थी...ईशा की तरह....।

समान मेरा बंध चुका था मेरी रोटी का आटा भी नहीं गूंधा था। वो अंडे ऊबाल चुकी थी और मज़े से खा भी रही थी। उसने अपनी आज़ादी का झंडा लहरा दिया था। मैं अब वापिस आना भी चाहूं तो नहीं आ सकता था। मैं समान लेकर निकल पड़ा। ईशा

का फोन आया...मैंने काट दिया और निकल पड़ा ऐसी जगह जहां कोई आईना ना हो। मर्द हूं.. कोई आईना दिखाने की कोशिश करे तो अच्छा नहीं लगता। क्योंकि हमें ग़लत को भी सही बना देने की कला आती है। पर आईने को झूठा बना देने की कला नहीं।

www.ingramcontent.com/pod-product-compliance
Lightning Source LLC
LaVergne TN
LVHW100031051026
849525LV00001B/39
* 9 7 9 8 8 9 5 1 9 2 4 8 1 *